Jean
Muän Mâ M'kayi

Franco phonîquement vôtre

Hun'tchimbukune Buendi koku

To you Janice
welcome to the francophone
world

one word leads to one Verbe
and introduce you french language
Enjoy

Éditions Dédicaces

Jean Pierre Makosso

FRANCOPHONÎQUEMENT VÔTRE
par JEAN PIERRE MAKOSSO

DU MÊME AUTEUR :

Aux Éditions Dédicaces (Montréal)

La voix du conteur, nouvelles
Le cri du triangle, Poésie, prose
Œuvres humaines, poésie
Human works, traduction anglaise d'œuvres humaines
Il était une fois… ce jour là, roman

Aux Éditions L'Harmattan (Congo, France)

Le monde est un champ de proverbes, poésie
Zoé, conte pour enfants

ÉDITIONS DÉDICACES LLC

www.dedicaces.ca | www.dedicaces.info
Courriel : info@dedicaces.ca

Jean Pierre Makosso
Muän Mâ M'kayi

Franco phonîquement vôtre

Hun'tchimbukune Buendi koku

Si, nous autres Français, nous reculons sur notre langue, nous serons emportés purement et simplement. C'est à travers notre langue que nous existons dans le monde autrement que comme un pays parmi les autres.

GEORGES POMPIDOU

La langue française nous rapproche. Pour nous, peuples des cinq continents, qui l'avons en partage, elle est une vraie chance.
Elle constitue notre plus précieux levier de développement, de diplomatie et d'intégrations économiques.

MICHAËLLE JEAN, *Secrétaire générale de la francophonie*

Chaque homme de culture a deux patries : la France et la sienne.

THOMAS JEFFERSON, *troisième Président des États-Unis*

La langue française est pour moi un instrument exact. À travers elle, j'ai réussi à dire...à dire ce qui m'habite.

FRANÇOIS CHENG, *de l'Académie française*

Ma seule chanson, c'est la langue de Senghor
Ma seule danse, c'est la langue de Victor
Parler français c'est vivre un vrai plaisir
Un grand désir
La langue française, on la déguste et on la savoure
On la sent et on la caresse
On la vit
Et on y sourit

MÜAN MA M'KAYI, conteur congolais, de l'école traditionnelle de Mâ M'kayi

Un écrivain doit se forger une manière personnelle d'écrire, en rapport avec une vision originale – mais authentique – du monde, le tout reposant sur une pensée forte et continue.

TCHITCHELLE TCHIVELA

Au fond de chaque œuvre d'art, est une idée de la nature et de la vie. C'est cette idée qui mène le poète. Soit qu'il le sache, soit qu'il l'ignore, il écrit pour la rendre sensible.

HIPPOLYTE TAINE

Parler français, c'est vivre un vrai plaisir
Un grand désir !

Jean-Pierre Makosso est sans doute un poète, peut-être aussi ce que l'on appelle aujourd'hui un slameur, mais il est surtout un amoureux passionné de la langue française qu'il s'efforce très visiblement de célébrer par ses propres mots dans ce recueil de pensées, d'aphorismes, de souvenirs :

> *Voici mes souvenirs francophones*
> *Enfouis dans ma mémoire*
> *Ma mémoire est une armoire*
> *Jamais vide ; toujours pleine*

Ce français qui lui a été enseigné dès son enfance africaine est pour lui une réponse à toutes ses interrogations, comme une solution à tous ses problèmes, voire une sorte de talisman contre tout ce qui peut troubler sa vie :

> *La réponse m'arrive dans la langue française :*
> *Cette langue que j'ai dans la langue*
> *Au bout des lèvres*
> *Dans la bouche,*
> *Entre mes dents*
> *Que je ne cache pas dans ma poche*
> *Et qui de tout temps danse là sur mon palais.*

Oui, chez lui, la langue française semble si belle qu'elle est comme une danse, sitôt parlée, même avant d'être écrite :

> *Nous ne savions même pas écrire tous ces beaux mots*
> *Qui sortaient de nos bouches...*
> *Pourtant...*
> *Nous étions si heureux...*

Si heureux de les dire
De les prononcer
De les sentir
De les goûter
De les vivre
De les glisser
Sur nos langues

C'est cette joie, mais aussi ce profond respect de la langue française que Jean Pierre Makosso tient à faire partager à tous ceux qui entreront dans ce recueil tout comme lui-même y est entré :

Alors je me tais
L'âme en paix
Je m'arrête
J'observe les mots
Aller haut
Le vent
Vers le soleil levant
Et j'écoute
Le message
Du sage

Souhaitons-lui plutôt de ne jamais se taire, lui qui sait si bien traduire son amour du français. Tel serait « le message du sage » : chanter continuellement, sempiternellement, cette langue qu'il sait magnifier tant par ses intentions que par sa manière très personnelle de la faire chanter et danser...

Thierry ROLLET
Agent littéraire, France

Introduction: la viliphonisation du français

La controverse autour du rapport entre l'ancien colonisé et la langue de l'ancien maître est connue. On se souvient particulièrement du procès intenté à la Francophonie, selon lequel cette institution constituerait un prolongement de l'empire colonial français et servirait les intérêts de la France dans son projet impérialiste. On pourrait nécessairement inscrire ce livre de Jean Pierre Makosso, *Francophonîquement vôtre*, aussi fictionnel soit-il, dans le prolongement de ce débat.

Le livre prend résolument, et ceci dès son titre, le parti de la viliphonisation du français, c'est-à-dire de son africanisation. Cette prise de position s'énonce poétiquement par un processus de déconstruction, à travers la modalité de l'ironie à peine perceptible, du mécanisme d'impérialisme linguistique et culturel français.

Dans son analyse de l'argumentation d'Onésime Reclus – le fondateur du concept de « Francophonie » – développée dans l'œuvre de ce dernier, Alice Goheneix met en relief l'aporie de la hiérarchisation que Reclus établit entre les cultures et de leurs langues, fondements idéologiques de la « "nécessaire" expansion française ». Dans cette perspective, la langue française deviendrait un symbole d'oppression exercée sur les peuples colonisés. Ceux-ci, selon Reclus dans l'analyse de Goheneix, seraient convertissables à l'esprit français (Goheneix, 2008 : 2)[1].

Sans les citer, le discours poétique et narratif dans le livre de Makosso se réfère implicitement à cette idéologie impérialiste de la langue et de la culture françaises. On peut par exemple lire ceci : « Avant les indépendances, l'Afrique n'a pas encore évoluée. ». De plus, si dans le livre et de manière générale l'ancien colonisé semble ne devoir son salut qu'au Français et à sa langue – une lecture superficielle pourrait y voir de l'aliénation –, c'est justement parce que le discours dans *Francophonîquement*

---

[1] Goheneix, Alice. « Les élites africaines et la langue française : une appropriation controversée ». Documents pour l'histoire du français langue étrangère ou seconde, 40/41 | 2008, mis en ligne le 17 décembre 2010, consulté le 23 mars 2016. URL: http://dhfles.revues.org/117.

vôtre se construit largement par le biais de l'« irone railleuse » (Gloria Onyeoziri, 2011 : 60)[2].

Par conséquent, la poétique de la francophonie que vous allez découvrir dans les pages qui suivent est celle qui conçoit la francophonie comme une langue de partage et un instrument qui pourrait permettre la visibilité du local à l'échelle globale. Dans cet état d'esprit, l'histoire du français chez les peuples colonisés, telle que Makosso l'envisage, est l'histoire d'une appropriation :

Cette langue qui n'a peur de rien
Je l'adopte
Elle m'adopte
Je l'apprivoise

Elle apparaît, dans ce texte que nous donne à lire l'auteur d'origine congolaise, comme ce « butin de guerre » (Kateb Yacine) à travers lequel les fantasmes, aussi bien que les expériences historiques, sociales, politiques, psychologiques d'un peuple d'anciens colonisés, sont exprimés.

Francophonîquement vôtre peut également se lire comme une mise en scène ou une mise en récit du quotidien ou de la trajectoire de la vie dans un pays francophone autour des années avant et après l'indépendance de ce pays.

Sur le plan de l'écriture, comme pour les autres livres publiés par Makosso, le récit narratif se mêle à l'écriture poétique. En outre, la technique de composition du texte est surtout l'intertextualité et le brodage des fragments épars, narratifs et culturels, venus d'ici et d'ailleurs. L'auteur s'approprie et se réapproprie des textes des écrivains et des philosophes européens et ceux des écrivains et des philosophes africains, auxquels il brode des matériaux de la tradition orale africaine traditionnelle et contemporaine. Le résultat du cocktail littéraire ainsi constitué est un texte résolument transculturel.

LUC FOTSING FONDJO
Western Washington University

---

[2] Onyeoziri, Gloria Nne. Shaken Wisdom. Irony and Meaning in Postcolonial African Fiction. Charlottesville and London: University of Virginia Press, 2011.

Préface

Je me souviens de nos longues discussions sur la colonisation, l'esclavage, l'Afrique mais surtout le sujet qui le passionnait par dessus tout : le français ! Doux et amer comme une réplique de Taubira, passionné et chaleureux comme un conte du fils de Mâ M'kayi, le français est une belle langue et le nier serait de la mauvaise foi.

- Mais comment aimer une langue qui a été imposée à mes ancêtres à coup de fouets, demandai-je un soir au conteur. Comment aimer une langue et ne pas voir en elle se refléter les sentiments de ceux qui hier nous vainquirent ? Comment pourrai-je être francophone et panafricaine ? Je suis la nouvelle génération, la génération du retour aux sources, de la réappropriation culturelle.

D'un ton calme, serein et moqueur le sage conteur me répondit :

Pourquoi considères-tu le français comme un ennemi ? Pourquoi représente-t-il pour toi et les jeunes de ta génération une perte de votre identité ? Certes le français consacra ces mots qui rabaissèrent la dignité des peuples noirs, mais il décrivit aussi parfaitement bien leurs maux. Rusé, malin, défenseur, il les accompagna dans leur lutte. Il fut cette épée qu'on arrache à l'adversaire et dont on se sert pour précipiter sa fin: abolition, décolonisation, liberté !

Te souviens-tu de cette phrase de Senghor, ajouta t-il avec cet air sérieux de professeur de français face à un élève récalcitrant :

« *Dans les décombres de la colonisation nous avons ramassé cet outil merveilleux qui est la langue française* ».

La langue française, poursuivit-il, est ton alliée, bien plus, elle est un atout. Elle est tienne. Fais en bon usage !

11

Sinon elle te ridiculisera comme elle le fit du colon sur son piédestal.

Pour le conteur Jean Pierre Makosso, la langue française est bien plus qu'une arme, elle est un pont entre les peuples francophones. Elle reste l'expression de leurs idéaux, de leurs luttes, de leurs espérances. Elle n'est ni française, ni congolaise, ni sénégalaise; elle est tout simplement humaine.

Comme l'affirmait Léopold Sédar Senghor, cet autre ureux de la langue française :

Qu'il s'agisse du droit, de la littérature, de l'art, le la science, le sceau du génie français demeure ce de l'Homme. Il exprime toujours une morale. D'où :aractère d'universalité, qui corrige son goût de ividualisme ».

En cela le conteur le rejoint et réaffirme :

« Un destin scellé entre la langue française et soi même, non soumis à ses propres intérêts mais aux intérêts de tous au nom de la liberté, de l'Egalité, et de la fraternité à la française, dans un esprit d'unité, de travail, et de progrès à la congolaise ».

Qu'elle soit vêtue d'une veste Féministe, ou d'un pagne d'Indépendance, la langue française reste l'alliée des opprimés. Elle peut être violente quand elle exprime le mécontentement des peuples dominés mais elle n'a besoin des fois que d'un seul mot pour mettre fin à la tyrannie :

« Dégage ! » crient t-ils de la Tunisie au Burkina.

« Sassoufit » s'écrient-ils au Congo.

Elle se mêle souvent au langage des locaux, toujours prête à ridiculiser ceux qui hier inscrivaient à l'encre noire le concept « Démocratie » dans la sainte constitution. Un mot qui semble aujourd'hui dérangé ceux qui l'ont manié avec plaisir des années auparavant. Présidents autrefois, dictateurs aujourd'hui, la langue française rappelle à ces fils égarés qu'elle évolue même quand eux régressent. Les colons s'en allèrent, les héros de la lutte pour l'Indépendance nous quittèrent, les présidents porteurs d'espoir jadis devinrent des fauteurs de trouble mais la langue française continue son parcours avec nous mais surtout pour nous. Elle évolue dans la forme, perd son accent circonflexe ; toutefois, cette évolution n'enlève en rien son caractère indélébile car elle reste la même dans le fond. Un jour elle nous demandera :

Avez-vous rempli votre mission ou avez-vous failli ? M'avez-vous utilisé à bon escient ? Vos mots ont t-ils exprimé la solidarité face à la souffrance universelle ? Vos actions ont-elles suivi vos mots face à la cruauté humaine, à l'impérialisme sous toutes ses formes et couleurs ? Est-ce la haine ou l'égo qui a nourri votre lutte ? Vos phrases ont-elles proclamé l'Egalité pour tous, les droits de l'enfant et de la femme ?

Ces réponses, seules les générations futures parviendront à y répondre; soit elles chanteront nos louanges comme nous exaltons le courage de nos héros soit alors elles utiliseront le français, tel un témoin de l'accusation, contre nous.

AMANDA MAKOSSO,
Student in Intercultural Studies and International Relations, Douglas college, Canada BC

Remerciements

Cher lecteur,

Je dédis ce livre à mon père car tu tiens dans tes mains un livre qui n'est pas écrit mais qui parle. C'est une conversation. Une voix. Un monologue intérieur. J'ai utilisé le style de mon père. Il ne sait ni lire ni écrire. Il sait parler. Alors j'ai parlé comme lui. J'ai parlé avec des mots qu'il utilise : les mots de sa langue vili qu'il place très lentement l'un après l'autre comme s'il replaçait toutes les pièces d'un casse-tête pour en faire un tout. J'ai parlé dans une langue vivante :
Le français de chez moi.

Je le dédis aussi à ma mère car il y a dans ce livre un souffle : son souffle. Elle est le fleuve dans lequel je me suis baigné tous les jours et, apprendre à nager à ses côtés a été pour moi un vrai bonheur. Le bonheur d'être libre et en sécurité. Non seulement elle est pour moi un fleuve mais aussi une source dans laquelle je pêche mon inspiration.

Ma mère m'a appris à raconter une histoire et mon père m'a appris à l'écouter.
Ma mère est la prose
Mon père, la poésie
Et moi je suis la prose poétique.
Ce livre est donc ce que je suis : une prose poétique. Je l'ai voulu ainsi. J'ai voulu l'écrire ainsi, dans les deux styles de mes parents. J'ai vécu dans leur prose et dans leur poésie et depuis mon enfance j'ai toujours rêvé d'écrire dans leur style. Ai-je réussi ? Je ne sais pas. Et comme le demandait Charles Baudelaire à son ami :

- Quel est celui de nous qui n'a pas, dans ses jours d'ambition, rêvé le miracle d'une prose poétique, musicale sans rythme et sans rime, assez souple et assez heurtée pour s'adapter aux

mouvements lyriques de l'âme, aux ondulations de la rêverie, aux soubresauts de la conscience ?

Encore une fois je te le demande, ai-je réussi ? Ne t'empresse pas à dire non. À la fin de ta lecture, demande à mon père, à ma mère, ils te le diront.

On y tr⁓uve aussi dans ce livre la bonne humeur de mes frères ; et cette ⁓e humeur, ajoutée à la joie de vivre de mes sœurs m'aide vre. Grâce à eux j'ai une vie comblée. Vois-tu, sans hésitat eur dédie donc « Francophonîquement vôtre »

Je l⁓ aussi à tous les auteurs et à tous les chanteurs cités dans ⁓ ges : leurs œuvres - dont tu auras l'honneur de lire quelq⁓ xtraits dans ce livre - ont marqué ma vie tout en m'ass⁓ une grande connaissance et une bonne relation franco⁓ nes.

Et je ne t'oublie pas toi, cher lecteur, je te le dédis d'abord parce que tu es arrivé à cette page et ensuite, parce que comme tout bon francophone tu es amoureux de la langue française, et comme tout bon lecteur tu arriveras jusqu'au mot « Fin » : un bon mot francophone qui te permettra enfin de souffler. Et comme on le dit : *Mieux vaut la fin d'une chose que son commencement*
Alors courage, je sais que tu y arriveras
Toi aussi, chère lectrice
Et sais-tu pourquoi je le sais ?
Parce que c'est pour toi que je l'ai écrit, sinon…
À quoi bon ?
Bonne lecture !

Francophonîquement vôtre,
JPM

Un peuple qui n'a pas de mémoire
N'a pas d'avenir

AIME CESAIRE

- Qui suis-je ?
- Moi
- Qui est Moi ?
- Je
Est-ce « Moi » « Je » ?
Ou est ce « Je » « Moi » ?
« Je » est « Moi »

Voici r   uvenirs francophones
Enfou¡   ma mémoire
Ma mé   est une armoire
Jamais   toujours pleine

De fı   es congolaises
Et d'   ɔ très bonnes choses
Pour   ɛnir
Et sa genération à venir

I

Français
Langue de l'Âme
...de l'Amour
Et...

...des Arts

Je cherche dans mon passé
Le souvenir de moi-même.
Je fouille dans ma pensée :
Qui est-ce que je suis ?

La réponse m'arrive dans la langue française :
Cette langue que j'ai dans la langue
Au bout des lèvres
Dans la bouche,
Entre mes dents
Que je ne cache pas dans ma poche
Et qui de tout temps danse là sur mon palais.

Elle est enfouie dans mon âme
Mon âme parle à mon cœur
Elle embrasse la nature
Et tout ce qui l'entoure

Je la laisse faire
Car mieux vaut se taire

Elle devient ce grand livre
Écrit pour toutes les générations
Bien avant l'esclavage
Avant la colonisation
Elle écrit chaque soir
Une nouvelle page
Un nouvel âge
Un passage de l'histoire humaine
Celle de nos mânes
Cette histoire qui nous mène
Et les autres et nous-mêmes
Vers une source de vie
Et qui donne un sens à la vie.

Elle écrit tout :
La naissance
L'enfance
L'adolescence
La patience
La jeunesse
La vieillesse
L'absence
Le silence
L'oubli
L'ennui
L'immigration
La constitution
L'éducation
Notre destin
Et nos luttes sans fin
La politique
L'Afrique
Le vide
Le monde
Le temps qui passe
Le fleuve qui coule
Le feu qui brûle
Le naufrage
Le chômage
La vie
L'infini
Nos raisons, nos torts
Et même notre mort

Elle parle dans un langage
Francophonîquement nôtre
Gravé dans nos cœurs
Pour que nous comprenions tous
Afin d'éviter la contradiction
L'aveugle soumission

La dérision
La confusion

Enfin !

Un souffle de vie
Une seconde chance
Un nouveau langage
Qui me révèle un éclat de rire
Une larme de joie qui vient des miens ;

Silence !
J'écoute

Je les écoute, je ferme les yeux
Je les entends dans cette langue
Que je murmure et que je souffle
Que je rumine et que je…

Respire !
Soupirs !

Et que je mange
Car je la mange bien comme je la respire !
Et ça goûte

Bon appétit !
Merci
Bonne digestion !
Encore merci

Soupirs
Plaisir d'un soupir
D'un désir
D'un souhait

Je la savoure cette langue
Je donne ma langue au chat…
Mon âme chante mon cœur ;
Mon cœur rit aux éclats…
Il se couvre de bons mots
De belles fleurs
Superbes lilas qui lui servent de rideaux
Marguerites épanouies
Coup de foudre
Amoureux de cette langue que je parle
Et que je chante
En prose
En poésie !
Dans ma légende
Dans mon conte
Dans mon dialecte
Qui me fait rire et pleurer !
Pleurer…
Rire
Survivre
Pour vivre
Grâce à elle la beauté m'entoure ;
Celle-ci s'empare de moi
Et me pose tendrement dans les sentiments
De l'amour de mes proches
De ceux que j'aime et que j'honore :
Ils sont dix : père, mère, frères et sœurs
Dix doigts de mes deux mains
Qui m'étreignent dans cette langue française :
Celle de Voltaire
Dans la vie de Molière
Belle langue
Qui comprend mieux mes peines et douleurs,
Qui décrit ma gratitude
Et mon ingratitude

Vis à vis :
Des miens…
Et du lien…
Qui nous lie
Qui nous délie
Qui nous attache
Qui nous détache
Qui nous éloigne
Et nous rattache
Et nous rapproche
Et nous unit
Et je vis
Ma vie
La vie
Toujours et encore dans la langue du père de la révolution
française :
Cette langue de Rousseau
Qu'il utilise devant l'homme au sabre à grand chapeau
À qui il parle du dérangement de son cerveau
Dans ses confessions pour obtenir sa grâce
Lui jeune étranger de sa naissance

De grâce, pitié !

Plaisir d'un souhait
Pour un pardon

Langue de Pagnol
L'académicien Marcel
Ce génie-conteur de bonnes paroles ;
Merveilleuse langue des académiciens noirs
Senghor
Dany Laferrière
Langue de Mabanckou
Qui arrive comme ça, tout d'un coup
Au collège de France

Vive la littérature africofrancophone !
Langue des Arts
De Césaire
Qui décrit *Une saison au Congo*
Qui peint en rouge et bleu mes colères volcaniques,
Et en blanc mon idéalisme :
Moi, riche noir africain congolais vili…
Francophone
Et heureux…

Elle chante mon deuil :
Colonial
Tribal
Elle est au seuil
Et de ma gloire
Et de ma victoire
Et de mes faiblesses
Et de mes tristesses
Mais surtout de ma sagesse

Elle traduit les soupirs de ceux qui m'aiment
Et qui murmurent dans notre commune douleur :

Sois fort, souffle, respire

Ou qui chantent à l'unisson :

Courage, nous t'aimons et prions pour toi !

Tout en me laissant mourir de chagrin
Que veux-tu cher lecteur «qui châtie bien, aime bien !»

Ils soupirent comme ils murmurent.
Soupirs et murmures se mêlent dans cette langue qui m'habite

Et que j'habite,
Qui m'exprime et que j'exprime,
Que je tonne, que je gronde, que je clame
Et que j'entraîne
Dans mes états d'âme
Dans mes frustrations
Dans mes joies et dans mes amours,
Dans mes espoirs
Dans mes aspirations
Dans mes échecs
Dans mes déceptions
Dans mes humiliations
Dans mes pleurs et dans mes larmes
Dans mes maux
Lorsque je suis à court de ses mots
Dans mon malheur et dans mon bonheur
Dans ma souffrance et dans ma sueur
Dans les trahisons.
Dans mes visions

Belle langue !

Qui est mon seul interprète, mon seul appui :
Dans ma famille, dans mon amitié et dans ma
communauté
Dans ma fraternité, dans ma maternité, dans ma paternité
Dans ma tradition
Dans ma divinité aussi
Dans ma tribu
Et dans mes silences aussi
Dans mes décisions et dans mes choix
Dans mes larmes quand elles s'éloignent
Et m'abandonnent à moi-même
Glissent au sol et lavent mes pieds de poussière
Comme les larmes de la prostituée lavant les pieds du
vagabond

Et dans ma solitude
Surtout quand ma mère m'abandonne dans l'obscurité
De mes yeux en pleine méditation.
Ou quand elle ferme les siens
Tombe dans la nuit d'un bref coma
Et s'éloigne de moi
De son corps
Sans crier gare
Et que trahi
Paniqué
Je fonce
À tombeaux ouverts
Un premier novembre
Jour de mon anniversaire
Caché sous les vitrines fumées de ma Chevrolet
Qui, elle, enfouie sous un brouillard épais
Grince des pneus
Pendant que je grince des dents
En abordant le virage
Pour arriver avant ma mère
À la frontière
De la mort
Et de la vie
Avant que son esprit ne s'élève
Mais malheureusement
J'arrive trop tard
À cause d'une sirène de police
Maudite soit-elle
Qui m'interpelle
Je m'arrête
Parce que d'après elle
Je roule trop vite
Alors que non
Je roule juste
À toute vitesse

A toute allure
Pour rattraper ma mère
Qui déjà s'engage dans un long tunnel
Et qui bientôt franchit la ligne
De la vie
Et de la mort
Vers son âme divine
Et éternelle
L'infini
Je tends la main. Trop tard
Je reçois le revers

Je m'arrête loin de la barrière
Loin de ma mère
– Et à cause de cette sirène
Qui sans aucun doute sauve ma vie – Terrestre
Elle passe avant moi
Abandonne la vie
Sort du bain de la mort
Et devient Âme pure

J'arrive trop tard
Âme impure
Quelques secondes trop tard.

De mes paupières
Une larme de regret sort
Derrière la sirène
Une policière en sort
Elle me demande
Tout bêtement
Je la regarde
Innocemment :

– Savez-vous à quelle vitesse vous rouliez ?

J'ai bien envie de lui dire :
– Oui, à toutes vitesses
À toutes allures

Bien méchamment
Mais non
Silence
Poliment
Et dans ma tristesse
Je réponds :

– Aucune importance
Donnez-moi le ticket
Mâ M'kayi est déjà passée de l'autre côté
– Qui ?
– Ma mère

Elle me regarde droit dans les yeux
Et voit sortir deux grosses larmes d'orphelin
Sécrétées par mes glandes lacrymales
Qui sans hypocrisie partagent mon deuil

La joueuse de sirène comprend ma douleur
Et je sens sa peine

– Je suis désolée
Je ne savais pas
Mes condoléances
Roulez mais surtout
Restez de ce côté-ci
Mâ M'kayi sera plus heureuse
De vous voir de ce côté-ci
Que de l'autre côté là-bas.

Mbitché? Hein! *Quoi* ?
Mais que dit-elle ?

Quelle mère laisserait son fils de ce côté-ci,
Et irait seule errer de l'autre côté là-bas ?
Et puis, que sait-elle de Mâ M'kayi
De l'Au-delà
Rien
Eh bien ?
Drôle de policière
Je souffle :
Belle humanité en uniforme

Elle comprend ma douleur :
Celle de l'absence
Et du silence
Mais elle ne ressent pas ma peine
Celle de la trahison
Et de l'abandon

Juste à cet instant une autre voiture
Devant elle passe à vive allure
Elle remonte dans la sienne
Fait fonctionner sa sirène
La suit en m'ignorant
Et mon regard les suit en gémissant

Mais la langue française reste là
Avec moi
À sécher mes larmes

Fidèle et compatissante
Vivante et présente
Près de moi
Si proche
Dans moi
Souvent dans mes rêves
Et dans mes souvenirs.
Dans mes cauchemars…

Le ciel seul sait que j'en ai !

Dans ma noirceur
Dans mes couleurs :

Je choisis le bleu quand tout est doux
J'embrasse le jaune quand tout est paix
J'étreins le rouge quand tout est vierge et pur
J'enlace le rose quand tout est amour
J'admire le blanc quand il n'y a rien
Et que rien n'arrive
Et que je n'attends rien
Ni des dieux ni des hommes
Et qu'on commence tout :
Avant le commencement…
Avant moi
Avant ma mère
Avant son mariage d'avec mon père
Qu'on reparte à l'âge de la pierre taillée
De la cueillette
De l'espace vert
Bien avant l'esclavage
Avant la colonisation
Avant la religion
Avant la démocratie
Avant la dictature
Avant la sirène
Avant Noël et ses fausses lumières
Ses faux espoirs
Et ses mensonges
Avant Muana Tossu Vuna Bayonne[3]
Ce génie de la langue française
Qu'on réécrive l'histoire
Celle des hommes et de leurs serviteurs
Celle des dieux et celle des seigneurs

---

[3] Voir page 242 : histoire de la langue française en Afrique

Celle des femmes de joie et celle des dames d'honneur
Celle des bonnes ménagères et leur paisible bonheur
Toute l'histoire
Dans mon *vili* à moi
Vili natal et pur
Pour que je la traduise moi-même en français

J'aime le noir :
Cette absence de couleurs
Et cette présence de tout ce qui est :

VIE
MORT…

Et de tout ce qui existe entre les deux
Et de tous ceux qui cohabitent entre eux
Les migrants
Les immigrants
Les réfugiés
Et « Moi »
Et « Je »
Et toi
Et lui
Et nous
Et vous
Et eux
Et le fleuve qui coule
Et le temps qui passe
Et la jeunesse qui s'avance
Et s'élève
Francophonîquement
Et la femme conteuse
Qui, silencieuse
Observe la vieillesse qui s'étire
Et se retire
Viliphoniquement

... du Beau et des belles berceuses

Langue d'une beauté artistique,
Entourée d'un paysage touristique,
Belle langue océanique !

Cette langue est aussi mon guide fidèle
Dans mes voyages
Dans mes tournées
Dans mes aventures
Dans mes missions
Dans mes expéditions
Dans mes recherches
Car,
Comme le conteur Müan Mâ M'kayi :

> *Je parcours le monde1*
> *Je pars de Loango*
> *Depuis la mer de la pointe noire du Congo*
> *En passant par celle du Havre de paix en Normandie*
> *Jusqu'à la mer de la terre neuve du Canada*
> *Baigné par les vents de l'océan atlantique*
> *J'arrête la guerre*
> *J'abolis l'esclavage*
> *Je dénonce le malfaiteur*
> *Je clame la paix*
> *J'accuse le criminel*
> *Je plaide l'innocent*
> *Je protège le persécuté*
> *Je console la pleureuse*
> *Je nourris l'affamé*
> *J'étanche la soif de l'assoiffé*
> *Je punis le violeur*
> *Le violent*
> *Et le voleur*
> *Je pardonne le bourreau*
> *Je sauve le naufragé*
> *J'unis les familles.*

J'offre des bouquets de fleurs
Et des éclats de rire à tous ceux qui en ont besoin
Je leur envoie de petits colliers de sourires
Dans cette langue qui berce mon esprit.

Je deviens le parrain de l'orphelin
Le bienfaiteur de la veuve.
Je place le bon mot.
J'évite tous les maux.
Heureusement !

Je rencontre un pêcheur
Il me demande

– Qui es-tu ?
– Moi !

Le pêcheur demande encore

– Oui, toi, qui es-tu ?
– Moi !

Le pêcheur insiste

– Es-tu sourd, c'est bien à toi que je le demande
Qui es-tu ?

Moi je ne suis ni sourd ni muet
Je ne résiste pas, je m'ouvre à lui
Je réponds :

– Je !
– Oui, tu es ?

Est-il aveugle
Ne me voit-il pas ?

Sourd
Au point de ne rien entendre

Je répète :

– Je !

Tu ne sais pas qui tu es ?

– JE !

Oreille bouchée
Il continue, le curieux bonhomme

Tête nulle
Ou tête de mule

Il dit :

– Ce n'est pas bien grave
Je veux te présenter à un homme
Il te connaît parfaitement bien
Je l'ai vu marcher sur les eaux
Il connaît le nombre de cheveux sur ta tête
Il te dira qui tu es vraiment
Cet homme c'est le fils.
Le type là-haut
C'est son père

En voilà une bonne berceuse
Que je me dis
Quel type là-haut ?
Où ?
Je me le demande toujours à moi-même
Sur la Lune
Sur Mars

Dans les nuages
Je ne vois personne
Et toi chère lectrice, franchement
Vois-tu un type là-haut, toi ?

Le pêcheur qui me le dit
Est un pécheur
Et un religieux

Il viole
Il vole
Il ment
Et il tue

Au nom de la langue française
Et de son type là-haut

Il veut me présenter à un homme
Qu'il ne voit pas
Qu'il n'a jamais vu
Qu'il ne verra jamais

Je lui dis :
– Je suis « Je »

Il continue sans m'écouter :

– Cet homme t'aime, tu verras

J'interromps :

– Ne me présente pas à moi-même
Je suis cet homme
Je suis le peuple
Et je t'aime

Il me regarde avec des yeux effrayés
Il me prend pour un fou

Je le sais, on le dit : je suis fou
Pas fou à lier
Ou à isoler
Mais fou des mots
J'ai reçu le coup de foudre
De la langue française
Je suis amoureux de sa beauté
Comme les marguerites le sont de leur pré

Il s'enfuit en hurlant
Il ne me croit pas
Il ne croit pas en lui-même
Il croit à ce qu'il ne voit pas
Homme de peu de foi
Je le laisse partir

Qu'il suive sa fuite
Accompagné de sa suite
Âmes égarées
Cœurs apeurés
Sauveurs d'âmes
Ou tueurs d'hommes

Je suis Moi
Je suis Je

Comme son maître
Je n'ai aucun endroit
Où poser ma tête

Mais la langue française cette berceuse
Cette langue de tout ce qui est beau
A bien sa place dans ma tête.

Je partage des vers qui riment avec des mots agréables de la langue

Je tourne ma langue sept fois avant de prononcer un mot flatteur

Et je reçois parfois en retour des maux qui me donnent un haut le cœur.

Alors je me dis : quel organe, maudite sois-tu, mauvaise langue !

Pour arrêter une nausée j'avale mes mots

Et je sors d'une forte fièvre en vomissant tous les maux

Le Cri du Triangle, aux Éditions Dédicaces

... des Cieux

Ô douce générosité,
Beauté de tout ce qui est sucré,
Donne-moi ta main
Tiens, abreuve-toi à la source de mon sein

Et toi atroce nervosité
Laideur de tout ce qui est amer,
La cupidité dans laquelle tu plonges mon humanité
N'est que passagère.

Dans la nuit, les dieux-écrivains des lois injustes
Se cachent pour m'écouter.
Je me place du côté de la femme
Pour comprendre Dieu
Afin de compatir à sa peine et à sa douleur.
Je me place du côté de l'homme
Pour dénoncer ses dieux
Et les traîner devant la Cour Pénale Inter…Continentale

Je protège mes droits
J'en ai le droit
J'ai la langue du droit
Je vais toujours du bon pied : du pied droit.

Ne te l'ai-je pas déjà dit tout ça ?

Alors écoute !

Je te le répète encore pour nos enfants qui n'ont pas de maître
Et qui viennent de naître :
Avant hier, hier et aujourd'hui.
À l'instant même.
Au moment même où je termine d'écrire le mot « même »,
Au moment même où tu lis le mot « même »,

Au moment même où survient leur vagissement
Et qu'ils lancent sans retenue :
Leur première voyelle française et prolongée :

« Aaaaaaaah ! .
Qui se fait retentir jusqu'au ciel

Ils naissent tous francophones
Avec une voyelle d'Amour et d'Argent
Ces bébés qui arrivent toujours du pied gauche
Et que j'essaie de placer dans le droit chemin
Je les aime dès la toute première seconde
Avant qu'ils ne s'écartent ou qu'on ne les égare.
Avant qu'ils ne deviennent autre chose que francophones
Avant même qu'on ne leur impose un système
Une science
Une langue
Un maître, un président et un opposant
Un parti, une politique
Un sauveur
Une loi
Une foi
Avant même…
Avant toute chose…je t'aime :

Sois le bienvenu, bébé francophone !

Je te prends avec moi.
Avant que tu ne deviennes un dictateur
Je te prends
Au moment même où un Français adopte l'enfant de la rue,
Au moment où l'Anglais et l'Américain
Ferment la porte à l'enfant étranger
Où une Allemande
Adopte l'enfant-soldat
Où un Africain devient le bourreau de son propre enfant

Et qu'un Chinois hésite encore entre adopter un enfant
Ou s'adapter à une culture
Et que Malala se lève et déclare publiquement :
Qu'un enfant, un professeur, un livre, un stylo
Peut changer le monde
Et que ses sœurs ont aussi droit à l'éducation.
À ce net moment…
Avant qu'une autre arme meurtrière ne soit inventée
Je vous prends tous dans mes bras
Je vous raconte l'histoire
Notre Histoire
Celle de nos héros
Ces pionniers de la langue française
Et non pas celle de ces dictateurs

Je n'ai pas besoin de diplômes pour vous exprimer :
Mes sentiments
Les plus amoureux
Les plus précieux

Et comme le conteur Müan Mâ M'kayi :

J'ai le diplôme des diplômes [4]
La langue française
Cette langue qui a fait parler d'elle
Dans la colonisation et la négritude.
Cette langue qui a signé l'indépendance
De plusieurs pays d'Afrique dont le mien :
La République du Congo
Cette langue qui a condamné
L'esclavage et l'Apartheid
Et qui défend le droit
De la femme et de l'homme
De l'adolescent et de l'enfant

---

[4] Le cri du triangle du même auteur, aux Éditions Dédicaces

42

De l'animal et de la forêt
Du poisson et de l'eau
De l'oiseau et de son nid
De l'arbre, de sa feuille et de son fruit
De la noctuelle et de la reine des fleurs
De la terre, de la mer et du ciel
Du migrant et du naufragé
De la nature et de l'environnement.

Cette langue qui n'a peur de rien
Je l'adopte
Elle m'adopte
Je l'apprivoise
Je la demande en mariage
Devant étoiles, lune et soleil
Elle accepte.
On s'adapte
Elle devient mienne pour la vie.
Elle me dit :

Viens vivre avec moi, et tu vivras pour toujours !

On s'accepte
Tel qu'on est
Alors j'invente un nouveau langage
De la littérature francophone
Je n'écris plus
Je parle
Je conte
Je chante
Je psalmodie
Je converse
Je dis
Tout simplement
Je me découvre une profonde éloquence impressionnante

Le français est l'unique beau vêtement qui m'a été offert
Par l'Esclavage et la Colonisation
Et que je ne perds jamais
Même quand je te l'offre
Par devoir et par amour
Il ne me quitte jamais
Je le porte avec fierté… chaque jour
Avec amour
Devant les dieux
Sous leurs cieux
Il m'habille
Et je l'habite
Il est le fleuve le plus pur
Dans lequel je me plonge chaque matin
Il est le ciel que je contemple chaque jour
À travers les nuages bleus, blancs et gris de mon destin
Il est à la fois
la lune et les étoiles de mon ciel

... du Don

Souvenirs !
Qu'en fais-je, moi, de cette langue !
Eh bien, comme Müan Mâ M'kayi :

« Je la bois comme de l'eau Perrier ! »

Elle a bon goût
Elle étanche ma soif
Celle du savoir
Un don du ciel

C'est de l'eau fraîche
Dans le désert en pleine sécheresse
Bois-en bouche sèche
C'est une eau limpide et fraîche
Fais d'elle ton avenir, ta richesse

J'en fais mienne,
Cette belle langue molièrienne !
Et je la partage bien volontiers avec …
Avec :

Tchicaya U Tam'Si
Et Soni Labou Tansi,

Écrivains francophones du Congo d'où je viens :
Le Congo français
À ne pas confondre avec le Congo belge…
Quoique…

Demande-leur, ils te diront que l'écrire c'est
merveilleusement bien
Et la parler c'est francophonîquement mieux ! Viens !

Le poète Senghor te dira la même chose, crois-moi !
C'est si doux et si doux toujours si doux
Et encore plus que ça :
Elle est si douce !
Comme *ces fruits si doux de l'arbre à pain* [5]
Du vilifrancophone U Tam'Si
Pas de grands mots
C'est la langue du respect
De la politesse.
Du simple petit mot
Au simple petit verbe :

Pardon ?
Merci !
Voyons !
Si…
Assiste
Mais…
J'insiste

Politesse

Quelle simplicité !
Quelle sincérité !

Respire !
Éternue !
À tes souhaits !

Quel beau souffle !
Souffle
Ah ce beau souffle !

C'est de l'amour absolu
C'est aimer avec une main ouverte

---

[5] Ces fruits si doux de l'arbre à pain, roman de Tchicaya U' Tam'Si aux Éditions Seghers

Avec cette liberté de vivre
Vivre…
Pas avec un pincement au cœur
Ou la main formant un coup de poing
Pour condamner à souffrir
À souffrir
Un coup de maillet :
La cour
À vie :

La sentence
Pénible existence !
Obéir
Ou mourir
La vie est belle
L'humanité est cruelle
La rime est parfaite
Alors on danse avec le poète
Une paume ouverte
Et une omelette
À servir
À offrir :

Servir en poésie
Et recevoir en prose
Servir en prose
Et recevoir en poésie
Servir en vili
Et recevoir en français
En légende
En conte
Beau sacrifice
Un don de soi
Un don d'une danse parfaite
Don divin

Donner en abondance vie et liberté
Vivre libre et non mourir condamné à souffrir
Non, pas vivre condamné à mourir
À mourir
Vivre le monde francophone
Et se nourrir de ses mots aussi doux aussi doux
Toujours aussi doux
Et encore une fois plus que ça :
Des phrases si douces !
Comme ces patates tièdes et douces !
Sucrées
De Mâ M`kayi [6]
Se nourrir

De simples mots de tous les jours
Charmantes conversations
Le franc-parler
Ou le franchement-parler
Le parler-franchement
Ou le parler-franc
Le correctement parler
Le parler-correctement
Ou le...
Le...
Respire
Soupirs
Soupire
Délices
Un don si doux
Don des anges

Le jeu des mots et le mot des jeux
Les jeux des mots et les mots des jeux
Le jeu du mot et le mot du jeu

_____

[6] Mâ M'kayi : Conteuse traditionnelle du village de Yanga

Le jeu et le mot et le mot et le jeu
Les jeux et les mots et les mots et les jeux
Des jeux dans des mots des mots dans des jeux
Le jeu de mots du jeu des mots
Les jeux dans les mots et les mots dans les zyeux…
Dans les zoeufs…dans les œufs…dans les yeux
Dans les jeux…

Regarde-moi bien dans les yeux
Dans les yeux
Fais tes jeux
Joue franc-jeu
Danse, danse avec la langue française
Danse
Soupirs
Respire
La franchise
Le savoir-parler
Pas ces casse-tête chinois
Mais de simples petites perles d'amour semées ici et là.

Aimer dans un langage de tendresse sans retenue
Se lâcher dans un élan d'amour et de passion
De patience et d'espoir
Pure sensation
S'asseoir
Un soir
Et se parler de vérité
De vérité.
D'aimer
Le don d'aimer
Belle émotion
La vérité d'aimer
Est l'amour de la vérité

Une vérité qui n'argumente avec personne
Elle n'a pas besoin d'explications, la vérité
Elle se mire dans l'amour des yeux
Elle se dit et s'explique toute seule
En amour et dans l'amour des cieux
Elle trouve ses mots dans la langue française
Tout simplement
Dans cette danse douce
Émotion parfaite
Elle formule des invitations
Qui sont plus belles que la langue française elle-même,
Dans cette imagination française et innocente de Apollinaire
où

Les enfants s'en vont devant
Les autres suivent en rêvant

Dans les formules de Mâ M'kayi
Du genre :

« Viens vivre avec moi ce jour
Et tu vivras pour toujours ! »

Ces gentils mots qu'on murmure chaque soir
Autour du feu
Dans la langue Vili
Langue chère à la conteuse Mâ M'kayi
Langue de paix

A muane wa kuissèe ?
Wa ku mone zalè ?
Hikale mumalu
Hisse vundu mumalumame !

Traduits dans la langue de la romancière Georges Sand

Enfant es-tu arrivé ?
As-tu faim ?
Viens t'asseoir sur mes jambes
Viens te reposer sur mes jambes !

Honnête sacrifice
Sans aucune opposition
Là-bas au royaume de Loango
Havre de paix
Il y fait bon vivre

Cœur doux bon cœur !
Cœur arc-en-ciel
D'amour
Ah ce don des déesses !

Qui dirait mieux ?
Même Rimbaud ne saurait formuler une telle invitation !
C'est vrai je te jure, je ne mens pas
Si je mens Dieu me punit.

Punirait-on une personne qui offrirait à l'humanité une
telle invitation,
Ce don d'une danse aussi parfaite !
De toi à moi, on n'a jamais entendu ça d'une bouche
humaine :

Ayez pitié de l'enfant de Dieu !
Ne le laissez pas passer le ventre vide

Là-bas à Yanga les enfants traduisent
Et chantent :

Mônanu muän nzambi tchalièèè
Nahuvioke kuandjièèè

Et ceux qui ont cœur dur mauvais cœur arrêtent la danse.
Ils répondent :

Viokuakuèè, viokuakuèè

Passez, passez, allez, circulez pauvres petits mendiants
sinon…

Et les e   ints s'éloignent en courant
Et d'a   s crient en tombant

Cœu   r
Cœu'   inc
Cœu   main
Don   Dieu
Je veux dire en secouant négativement ma tête
Nom de dieu !

... de l'Esprit

Viens vivre avec moi ce jour
Et tu vivras pour toujours

C'est du bon vili ça, au bon français.
En as-tu déjà reçu des invitations comme ça ?
Ou bien, en as-tu déjà offert, toi, des « comme ça » ?
Comme cadeau de Noël ou cadeau d'amoureux !
Bien empaqueté :
Un beau livre.
Ou bien emballé :

« Quel beau bouquet de fleurs ! »

Elles sont parfumées.
Il sent très bon ce parfum !
Hume ! Hume ! Hume !
Ouvre ton esprit
Hummmmmmmmmm !
Belles roses des vents
Comme ça sent si bon !

Ne te l'ai-je pas dit ?

Charmante invitation, non ?
Hume !
Du romantisme
Du féminisme
De l'amour
Et de la vie
Du français quoi
Bien servi
Qui fait du bien à l'esprit

Pas du genre :

« Viens vivre avec moi le meilleur et le pire »
Un sourire, un sanglot
Non, mais :

« Viens vivre avec moi ce jour
Et nous vivrons pour toujours ! »

Un rire tout doux, et un gâteau
De mariage ou d'anniversaire
En français

Très beau cadeau
Une chemise bleu ciel, venant du château
Offerte par une fille unique à son père :
« Bonne fête des pères papa ! »
Bleu des cieux, bleu des dieux
Bleu des amours
Couleur proche du paradis
« Merci ma petite chérie !»

Tu sais, un parfum de l'esprit

Accompagné d'un mot de Mâ M'kayi
Pas jusqu'à ce que la mort nous sépare, non !

Viens vivre avec moi ce jour
Et tu vivras pour toujours

Quels vers admirables !
Est-ce une fable ?

La féministe Simone de Beauvoir témoigne :

54

On ne naît pas femme,
On le devient

L'artiste et écrivain Françoise Sagan avoue :

J'ai aimé jusqu'à atteindre la folie
Ce que certains appellent la folie
Mais pour moi c'est la seule façon d'aimer

La conteuse Mâ M'kayi invite :

Viens vivre avec moi ce jour
Et nous vivrons pour toujours.

Chacune face à son destin :

Un destin scellé entre la langue française et soi-même –
Non soumis à ses propres intérêts mais aux intérêts de tous –
Au nom de :
La liberté
De l'égalité
Et de la fraternité

À la Française !

Dans un esprit

D'unité
De travail
Et de progrès

À la Congolaise !

Afin de vivre ensemble et vivre pour toujours :
Le meilleur et toujours le meilleur
Partir d'une goutte de larme

D'une petite rivière
Atteindre l'océan en passant par le fleuve kouilou
Devenir une haute vague, être au-dessus de tout
De Pointe-noire, de Brazzaville, de Kinshasa, de Paris
De Vancouver, de Montréal ou de toute autre ville
Perché.
N'avoir peur de rien :

Ni de l'eau qui avale
Ni de la terre qui engloutit
Ni du ciel qui inonde
Ni du feu qui consume.
Ni du lion ni du léopard
Dominer eau terre ciel feu savanes et forêts
Et non pas Lune Mars Venus et Jupiter

Viens vivre avec moi, la vie n'est pas éphémère.
Nous mourons tous
Mais nous vivons éternellement.
Après la poussière la cendre
Vient la pluie et tout recommence :

Vois-tu ce beau coucher de soleil ?
Oui je le vois, c'est comme un doux réveil
Je reconnais qu'il est très beau !
Qu'y a-t-il derrière ?
Rien d'autre que de la lumière !
L'esprit
La lumière de notre esprit
Vois-tu ce lever de soleil ? – Il est vraiment beau !

Ne te l'ai-je pas déjà dit ?
Contemple-le, c'est gratuit
Et voici la pluie !
Après la pluie le beau temps
Attends ! Dis-moi, n'est-elle pas belle la vie ?

Qui sait le vent sait le temps !

Réponds-moi, dis ?
N'est-elle pas splendide cette vue ?

La mort ne s'est pas encore abattue sur
« Je »
Sur « tu »
Non,
Elle n'est pas encore arrivée jusqu'à lui.
Jusqu'à Moi
Jusqu'à nous
Elle n'abattra pas notre esprit

Toi et moi avons encore beaucoup de kilomètres à parcourir.
Beaucoup de mots à dire :
Viens vivre avec moi et tu vivras pour toujours !
Et beaucoup de maux à guérir :
Tiens prends ma main et suis-moi !
Rassemblons nos dix doigts
Nous sommes plus forts que deux coups de poing
Nous sommes deux poings
Arrêtons-nous et faisons le point :
Bientôt nous vivrons libres et égaux
En paix.
Admire la belle vue !
C'est ça la vie…
Contemple cette nature parfaite
Ainsi va la vie !

... de la Foi

Elle vient bientôt peut-être,
Dans quelques secondes
Dans trente minutes
Dans vingt-quatre heures
Dans une semaine
Dans un mois
Dans quelques années
Elle sera bien là.

Qui frappera-t-elle ?
Je ne le sais !
Toi, moi ? Que sais-je !
Et j'attends
Triste comme un tilapia
Dans l'aquarium d'une poissonnerie
Qui, lui aussi, attend la seconde fatale de son exécution

Qui frappera-t-elle alors…
Est-ce mon frère ?
Est-ce mon père ?
Je sens que ma douleur sera grande.
Toujours fidèle à son rendez-vous
Elle foudroiera
J'en suis sûr,
Est-ce ma mère ?
Est-ce ma sœur ?
Qui sait…Non, pas mon voisin
Pas cette enfant surtout
Elle ne frappera pas l'innocence, voyons
Pas la jeunesse
Touchez pas à ma jeunesse. Voyons
Nous avons tous été jeunes et nous avons survécu
Laissez donc ma jeunesse vivre
Qui frappera-t-elle…

Ma douleur sera grande, dis-je
Cœur brisé
Je porterai mon deuil
Je supporterai mon traumatisme

Vos insultes ne me feront pas plus mal que ma douleur.
Et autour de moi il y aura oncles, pères, mères, tantes
Attendant un héritage pour se parer…
Et danser tout en se souillant avec le bien matériel

Et j'entendrai à mon tour ceux qui m'aiment
Murmurer et soupirer devant moi ;
Cœur serré, yeux humides, voix cassée
D'avoir trop pleuré
Et les lèvres pincées d'avoir passé un moment de deuil
Dans l'unité et dans l'harmonie :

« Repose en paix ! »

Articulez, leur dirai-je, je n'ai rien entendu
La langue française s'articule même quand on est triste
Son deuil est tout seigneur tout honneur
Son deuil unit les nations
Dans la foi…

Ô dame la mort, on a beau la repousser
Elle s'accroche et s'impose.
Tam-tams et choristes chantent ses louanges
En poésie vili, traduite en français :

Mon frère aîné est parti
Mon père est parti
Le soleil se lève et ils dorment encore.
Le soleil a fait sa ronde ; bientôt, avec ma mère, il s'endort
La nuit te couvre et j'y veille ô sœur bien aimée, dors
Elle vous enveloppe tous, notre reine, notre mort

Eh, bien ! Qu'importe !
Qu'elle vienne maintenant ou…
Alors, qu'elle attende encore un peu
Cela ne change rien pour moi
Et elle le sait.
J'aurai toujours le temps de lui dire mon dernier mot français.
Ma dernière invitation.
Avant qu'elle ne m'entraîne dans ce long voyage
Au cours duquel je serai initié à une autre existence
Je lui dirai :

« Viens vivre avec moi ce jour
Et nous vivrons pour toujours »

Là où les lumières ne s'éteignent jamais
Viens !
Là où les mots :
Gouffre
Tombe
Oubli
Ne sont que des petites bestioles qui voyagent
Et disparaissent dans la nuit
Rien d'autre.
Pour toujours !

Obscurité et abîme
Ne sont que de petits mots hantés par la peur de mourir
Ou de disparaître à jamais du dictionnaire francophone.
Mots qui, pareils aux prophètes et aux dieux
Frémissent devant la beauté et la douceur de la mort
Et qui ignorent que :
Naître est vie, rire et joie.

Viens-tu ?

Mourir est l'après vie faite de repos, de sourires,
Où le malheur, l'angoisse, l'anxiété, la nervosité
Le cœur gros, serré ou brisé
La gorge nouée, la bouche amère et sèche
Les yeux larmoyants
La tristesse, le deuil
Trouvent leur inexistence dans l'existence de l'espoir.
Paroles d'un vili

Et les femmes pleureuses chantent :

Puisse ton corps nourrir la terre
Afin que nous fassions de bonnes récoltes
Puisse ton âme s'élever très haut
Afin de plaider notre cause là-haut

Mais viens donc voyons !

La vie vaut la peine d'être vécue
Et la mort, en vaut-elle la peine d'être mort ?
Douce solitude !

Viens avec moi.

La mort n'est pas la fin d'un monde. C'est le début d'un film. Les lumières s'éteignent et le film commence. Personne ne connaît la fin mais elle est toujours heureuse, alors on meurt sa mort comme on vit sa vie. On naît pour mourir et on meurt pour renaître.

Fais-moi confiance, viens

Sois mon reflet dans la rivière miroitante
Essence de moi-même
Assiste à ta propre naissance
Et marche devant moi.

Scintille dans la larme du ciel
Toi mon essence
Sois ma naissance
Et laisse-moi m'y mirer
Sois ma silhouette
Place-toi à ma gauche
Prends ma main gauche par ta droite
Et laisse ma droite te montrer le chemin.
Passons le fleuve
Vois-tu la mer ?

Là-bas, de l'autre côté, on y va en chantant :

Viens vivre avec moi ce jour
Et nous vivrons pour toujours !

Traversons et imprégnons-nous de cette vue sublime !
Vivons en commun notre vie intime
Sublime et intime

Là-bas à l'autre rive on y va en dansant
Là-bas la vue est belle
La vie est splendide
Et vice versa
La vie est belle et la vue splendide
Laissez donc la mort venir à moi très gentiment
Ne me l'imposez pas aussi brutalement
Aussi sauvagement
Aussi cruellement
Laissez-la venir m'embrasser francophonîquement !

... de la Grâce... et de la Grandeur

La vie c'est d'abord naître
Naître et venir vivre
Tout en sortant sa langue
En parlant de tout et de rien
Pour son peuple et avec son peuple
Sans avoir le temps de se poser la question :

Quand mourrai-je ?

La mort, eh bien…
C'est avant tout mourir
Mourir tout simplement
Et aller se reposer
Après avoir sorti sa langue
En parlant de tout et de rien
Avec son peuple et pour son peuple
Avec cette grâce de l'esprit
Ne pas perdre son temps à se poser la question

Pourquoi dois-je mourir ?

Mais avoir une grandeur d'âme
Se demander avant de rendre son âme :

Pourquoi ai-je vécu ?

Et fermer tranquillement les yeux
Sans souci.
En léguant simplement sa pensée :

« J'ai bien vécu
J'ai parlé français
J'ai dit mon dernier mot
Tout en accomplissant ma mission

Ils l'ont entendu
Et ils l'ont bien compris
Car nous avons tous une langue commune
Alors je me réjouis
Je dors, j'avale ma langue
Je rêve français
Je leur laisse la paix
Ma grâce et ma paix
Pour que je puisse me reposer paisiblement»

La vie est le mélange du rire du pleur et de la prose :
Chaotique et bruyante.
Chaudes émotions.

La mort est silence sourire et poésie
Respiration et écoute
Sanctification
Relaxation.

« Travaille, travaille pendant que tu y es et que tu respires,
invite-t-elle
Bientôt tu te reposeras tranquillement sur un lit que tu
n'aurais pas fait
Avec pour couverture les plus beaux bouquets de fleurs
Tu dormiras dans une maison que tu n'aurais pas
construite
Bien au chaud dans des habits que tu n'aurais même pas
pris la peine d'essayer.
Tu ne regretteras que deux choses

La première :

De n'avoir pas enfilé toi-même ton pyjama Pierre Cardin
Ou Yves Saint-Laurent
Pour te sentir à l'aise
Là où tu te reposes
Faire plus Français

La seconde :

De ne pouvoir prononcer toi-même ton oraison funèbre
Dans cette belle langue que tu aimes tant
Avec ta propre diction et ta bonne articulation
Mélangées à ton accent du francophonîquement nôtre
En employant tous les mots qui te sont si chers et qui t'ont vu :
Naître
Croître
Vieillir
Et mourir.

Tu ne pourras donc pas faire Français
En mourrant avec tous les honneurs francophones.

On n'est jamais mieux servi que par soi-même
Même si…
Et pourtant vois-tu…
Observe les chaussures du cordonnier
Elles ont deux trous… congolais ?
Vois-tu la maison du maçon ou du charpentier
Sa toiture africaine ne protège pas ses habitants contre
l'eau de pluie
Et même le fils du charpentier n'a aucun toit où abriter sa
tête

Tu iras à la fête, car ç'en est bien une
Puisque tu porteras costume et cravate Dior
– Au lieu de sandales et peignoir
Pendant que tu te reposeras ; tu seras à la une –

Bien sûr que c'est une grande fête
Crois-moi
Mais il y en a qui la décrivent avec des mots
Qui sonnent faux :

Cortège funèbre, cendre et poussière !
Abîme et cimetière !

Des mots qu'on n'a jamais soi-même
Dans son beau vocabulaire francophone.

P.S.

Tiens, avant que je n'oublie
Emporte avec toi ta bicyclette, tu en auras besoin
Si tu n'en as pas
Achètes-en une
Conseil d'ami
Là bas, les voitures sont interdites :
La pollution n'est pas francoviliphonique.

Et puis là-bas
À l'au-delà
Même ceux qui sont en veste
Prennent la sieste
Ils écoutent la prose
Malgré eux
Ils se reposent
Ils entendent la poésie
Des bienheureux
Jusqu'à l'infini »

Là-bas toutes les âmes sont grandes
Toutes les âmes dansent à la ronde
Francophonîquement
Viliphoniquement
Elles sont toutes à la une
Sous les étoiles et la mère lune

...de l'Honneur

La vie n'est pas éphémère je te l'avoue
Je te confie là un bon secret
Je tiens cela d'une source sûre
Et d'une bouche pure
Mais oui, de mon père

Ce n'est pas une blague
Vois-tu la vague
Elle revient toujours
La même vague échoue sur le rivage
Elle se retire et revient chaque jour
Caresser la même plage

Écoute,

La vie est un fleuve qui coule et ne s'arrête jamais
Elle emprunte un long tunnel
Et débouche sur l'autre côté
Où elle se lève bien avant que le soleil
Seul éclaireur
Ne la surprenne dans sa métamorphose
Et ne l'accuse
D'usurpatrice
De séductrice
Et de destructrice

Toujours vivante
Imposante
Elle
La vie
Vivante mais parfois avec cette illusion de voir et de ne
pas voir
De vivre et de ne pas vivre.
D'être et de ne pas être

D'entendre
De ne pas entendre
Donc de ne rien comprendre

L'illusion du passé d'avoir existé
Et celle du futur de ne plus exister

Beau mirage !
Belle transformation
De la vie
À la mort
Dans ce long tunnel
La main
Et son revers

La vie commence…
La mort continue
Alors la vie s'arrête
L'une est le prédécesseur
L'autre bien sûr en est le successeur
La vie est une marche vers la mort
Une marche lente ou rapide
Brusque ou inattendue
C'est une vision du réel vers l'irréel.
Paisible cohabitation de l'existence
Dans l'inexistence
Du visible qu'on aperçoit vers l'invisible
De notre connaissance et de notre ignorance
Ni vu ni connu et brusquement
On est bien dedans
La mort est une inconnue que tout le monde reconnaît
Et embrasse
On l'ignore
Pourtant
On y plonge et ça baigne
Une mort gentille…

Après le passage de l'enfance à la jeunesse
De la jeunesse à la vieillesse
Belle transition de la naissance à la mort
…une mort bien tranquille

La mort vole au-dessus de la vie
Et la vie nage en dessous de la mort

Un plongeon dans la mort
Vaut mieux qu'un plongeon dans la mer :
Crois-moi, ça ne pique pas les yeux
On se sent bien.
Et on le sait
La mer est polluée
Et salée
 La mort ne l'est pas.
C'est pour ça que James Brown chante dans la langue de
Shakespeare :

 « I feel good
 And I knew that I would ! »

Et Hun'tchimbukune Buendi koku dans sa langue vili ajoute :

Chi nienzi ku ntime

Et dans la langue de Jean d'Ormesson :

La joie plein le cœur !

Cœur humain
Cœur pur et divin
Plein d'amour pour son prochain

Mourir c'est juste s'élever très haut
Après s'être abaissé si bas.

La vie c'est la descente sous terre
La mort c'est l'ascension vers le ciel

La main
Le revers

La vie est belle
La mort est réelle
Elle embrasse la vie là où elle se fond en elle
Dans ce long tunnel terrestre.

Le chemin de l'ascension est très long
Nul ne sait jusqu'où il s'étire :
Ni les savants, ni les scientifiques, ni les prophètes
Ni ceux qui vont sur la Lune
Ni ceux qui voyagent vers Mars
Ni ceux qui marchent sur terre
On y va tous, d'un pas pressé ou d'un pas lent
En suivant le chemin.
Seul guide : notre mort
Qui démocratiquement s'imprègne de notre vie
Dans ce long tunnel où leurs destins
Se croisent
S'unissent
Elle nous emporte avec elle
Vers une heureuse inconnue
Elle nous élève vers l'âme divine
Et éternelle
Chacun comblé d'honneurs dus à son rang

Comme le fleuve qui lentement va se jeter dans la mer
La vie, elle, va paisiblement se baigner dans la mort

Et nous y allons tous, la vie dans la mort
Et la langue dans la bouche
Dieu merci

À ce moment nous n'avons :
Ni la langue fourchue
Ni notre langue dans une gueule de bois
Nous avons juste une langue dans l'âme
La langue de Verlaine
Quel honneur !

... d'Insertion

Chacun son époque !
Victor Hugo a eu la sienne
Avec ses infortunés :
Jean Valjean
Cosette
Fantine
Et tous les autres
Qu'il a voulu sauver
Avant la noyade
Avant la pendaison
Avant la chaise électrique
Avant la crucifixion
En les insérant dans la société humaine
Avec ses mots à lui

Pas avec de longs discours
Creux
Vides
Vains
Ou de promesses stériles
Mais avec de petits mots français
Qu'il distribuait comme des miettes de pain
Aux petits oiseaux sur son chemin

Il les a regardés
Et ils ont tendu leurs mains vers le poète
Pour recevoir un miracle
Un petit miracle
Pour étancher leur soif
Remplir leur panse
Et vivre éternellement
Loin de la famine
Et loin de la souffrance
Loin de l'injustice

72

De l'insouciance
Et du besoin

Le poète a volé un pain
Un petit bout de pain
Qu'il a voulu multiplier
Et partager avec toutes ces mains tendues vers lui
Pour leurs soins quotidiens
Pour leur guérison
Car les mots seuls ne suffisent pas.
Un mot sans acte est un remède sans effet
Un mal de plus à l'humanité
Il a voulu y ajouter un acte au mot
Il a voulu leur dire :

Prenez et mangez !
Car celle-ci est ma sueur
Qui coule pour que vous viviez
Éternellement.

Un acte de bonté
Et non de pitié
Un acte d'amour et de bonne humeur
Et non de haine et de grandeur
D'humilité
Et non de souveraineté

Il a voulu nourrir tous ces affamés
Dont les mains squelettiques comptaient leurs misères
Au bout des phalanges gesticulantes et qui soupiraient :

« À l'aide !
À l'aide ! »

Pas par pitié
Pas par charité

Par amour
Tout simplement

À l'aide !

Un petit mot
Un simple petit mot
Pour un petit bout
Un petit bout de pain
Qui ne vaut rien du tout
Pas plus cher qu'une arme
Un petit mot de maman
Très attendrissant
Essuyons une larme

De grâce
À l'aide aux vôtres !

Prenons tous à chacun
Un misérable sur nos épaules
Évitons tous un mal
Et faisons disparaître tous les maux
En employant de simples petits mots
Comme de fines miettes de pain
Qu'on distribuerait aux petits oiseaux
Très tôt le matin
Sur le chemin de la francophonie
Effaçons une larme

... du «Je» et de la Jeunesse

À chacun son misérable
On a beau être moderne
On finit par faire vieux jeu :
Vieille mine et mains tremblotantes.
Faux bond.
Indigné
Surpris.
Pris au tournant.
Pris au mot.
Pris la main dans le sac
Pris dans l'acte
La main…
Avec le pain
La main saisissant le pain
Et une autre main attrapant le poignet de la jeunesse affamée
L'action…
De toute une nation
Belle peinture de l'artiste
Dans la chapelle Sixtine

– Michel Ange,
Arrête l'image :
De Dieu et de son ange
Du bourreau et de sa victime
De la Jeunesse et de son dictateur.

Prise au piège

Seule dans un cul de sac
L'action de toute la nation

Arrêtez-la
Attrapez-la !
Ligotez-la !

Lapidez-la !
Chicotez-la !
Torturez-la !
Fusillez-la !
Crucifiez-la !
Seuls crimes : son innocence et sa joie de vivre
Sa jeunesse

Elle saigne
Joyeuse jeunesse,
Cette perle du monde,
Souillée à jamais !

Reprenez le pain !

Elle perd le pain
Elle perd son souffle
Elle perd du sang

Belle enfant !
Belle orpheline !

Son souffle son sang s'allient au fleuve
Ils forment une voix
Une voix viliphone chante
Une berceuse s'élève
La voix chante
Le fleuve
Le souffle
Et le sang

Elle a la voix
Elle a une langue
Dans la bouche
Et une autre
Hors de sa poche

Et lui son bourreau
A une gueule de bois
Et une langue fourchue

Et elle,
Qui n'a pas sa langue dans sa poche
Perd sa voix
Elle murmure

– Que dit-elle ?

– Son dernier mot

On lui coupe une langue
Elle garde l'autre langue

Le bourreau lui
A toujours sa gueule de bois
Et dans sa gueule de bois
Une langue fourchue

Et notre jeunesse murmure toujours
Elle qui n'a plus sa langue
Ni dans la bouche
Ni dans la poche
Mais bien dans sa tête
Dans son âme
Dans son cœur
Dans son ventre
Murmure son dernier souffle

Traduis !
Traduis !

On traduit son chant
Son souffle

Sa berceuse
Le chuchotement de son fleuve
Le murmure de son sang
On traduit le chant de sa langue
Le «je» de sa jeunesse
La goutte de sa larme

Enfin, le soupir d'une jeune nation
Du viliphone au francophone :
De Mâ M'kayi à Beauvoir :

...du Ko ko kô [7]

Lumbu mu ndake, le chant dans la langue
Le «je» de la jeunesse

« Fleuve miroitant
Dors-tu, dis?
Et ce bruit que j'entends
Entre fougères et buissons, est-ce ton cri

Enfant je vois tes larmes dans leur jeu
D'adultes, confrontées aux paroles de leur bouche
Me fixer droit dans les yeux :
Témoins : ciel et lune, qu'ils accouchent!

Enfant ! Je viens, je vais comme font
Ces rapaces au-dessus des ondes
Solitaire ! et eux en masse, ce sont
Eux qui font la ronde

Autour de la terre ; et elle tout honneur
Regarde et pardonne!
Et la providence, épouse du Seigneur
Source intarissable sourit et donne

Tu sais, ô fleuve, ô Congo, je te promets
De faire comme Sankara : vivre dans l'intégrité
Fidèle comme lui tu vois, je me remets
Dans l'honnêteté

---

[7] En langue vili ko ko kô est une demande d'autorisation d'entrer dans une maison ou de pénétrer dans un espace. Le ko ko kô permet aux voisins, aux amis ou parents proches de reconnaître ta voix afin de t'ouvrir la porte et de t'inviter à rentrer. Tout comme la langue française le ko ko kô t'ouvre toutes les portes.

Ô
Dormante
Eau
Scintillante!

Il y a un reflet de soleil sans flamme
Ni ombre ni silhouette
Sous tes profondeurs et les femmes -
Mères, et les mères-femmes perdent leurs têtes

Au Kouilou [8]
Yi builou [9]

U'Tam Si appelle
Ko ko kô, le fleuve est le pont
Lumumba rappelle
Labou Tansi répond

Césaire poliment se tait
Et Senghor…
Tout a été dit et fait
…paisiblement dort

L'eau du fleuve kouilou m'amène à la mer
La mer reflue
Ah! Sa larme salée me rappelle ma mère
Mâ M'kayi avoue :

En temps et lieux
Je n'adresse ma prière
Ni à F   me ni à Diable ni à Dieu
Prière

---

[8] Région du kouilou en république du Congo. Le kouilou est aussi un fleuve.
[9] Builou, la nuit : Dans le silence de la nuit, les femmes vili enlèvent leurs foulards, se prennent les cheveux et prient pour l'avenir de leurs enfants.

Ne pas m'en vouloir ô Cieux
Dieu ne sait plus l'exaucer
Femme de peu de foi depuis mes aïeux
Alors à quoi bon négocier

L'égoïsme est la qualité des rois
Homme et Diable sont serviteurs du grand roi
Les secouer demande une très grande foi
Que je n'ai malheureusement pas, moi

J'ai été nourrie par le poisson de mer
J'ai étanché ma soif par le vin de palme
Ma crème préférée a été le lait de ma mère
Son goût était différent du sang de mon Kongo sur ma
paume

Si peu de chance, si peu de foi ! Enfoui mon avenir
À mort les aveugles ! Longue vie au roi !
De mon Kouilou natal ô secrets souvenirs
Crions tous « À bas les borgnes » et abolissons cette loi

Si peu de chance si peu de foi
Sur une terre pleine de désirs
Une loi : chacun pour soi
À quoi bon ce revers du rire!

Mon fleuve m'emmène vers ma mer
Ma mer ne me ramène jamais vers mon fleuve
Dis-moi père, dis-moi mère
Comment avez-vous pu avoir une vie sauve ?

Le fleuve referme ses blessures
Sa larme remplit l'immense mer
Le roi enfile ses chaussures
Et laisse derrière lui un goût amer

Ce que je vois à travers vents et marées
Là-bas, au loin, dis-moi, jeunesse de mon rang
Cette douleur qui s'étire vers ces étendues salées
Est-ce le rouge de mon sang?

La mer reflue : vomissures
Et vogue la baleine
Cassure
Crions tous : «Vive la reine !»

La vie humaine est un songe
Goethe l'a dit avant moi
Qu'est-ce que ça change,
Si dans ce songe je ne suis ni dieu ni roi

Quand l'horizon devant moi approche,
Derrière moi tout s'éloigne :
La nature et tous ceux qui me sont proches.
Que la jeunesse triomphe! Et qu'elle règne!

Ma mère avoue ; je la vois dans sa larme
Ces souvenirs dans ses pensées
Je les lis dans son âme
Effaçons d'elle ce présent passé

Fleuve, mer, je vous prends à témoin
Aujourd'hui je bâtis un meilleur présent
Qui sera dans un avenir lointain,
Un très beau cadeau pour vos futurs enfants

Longue vie au bâtisseur
Vive le consolateur
Je fais de mon avenir lointain
Un meilleur futur pour mon prochain »

...de Lumière

Quel souvenir hante la vie d'un poète !
Quelle pensée sommeille dans sa tête !

Heureusement que la langue victorienne
Demeure intacte
Elle est là : victorieuse
Lumineuse
Alors on parle de Dieu
De sa lumière, de son jugement et de sa grâce
De sa politique et de ses misérables
Charmante et riche conversation.
Vivre sans le vouloir
Le dernier jour d'un condamné
Raconté par un bon conteur.
Douce narration d'un grand-père.
Larmes d'un poète.
Cœur brisé du vieillard
Voix cassée de Victor
Voix de la victoire

Écoute le lecteur
Suis la lecture par Hun'tchinbukune buendi koku
Lecture d'une succession de mots qui ne sont
Ni creux
Ni vains
Ni vides
Et qui ne veulent :
Ni se faire prendre au piège
Ni garder le siège.

Étanche ta soif avec les dernières paroles du condamné[10] :

---

[10] Le Dernier Jour d'un Condamné, Victor Hugo.

« Un juge
Un commissaire
Un magistrat
Je ne sais de quelle espèce
Vient d'arriver.
Je lui ai demandé ma grâce
En joignant les deux mains
Et en me traînant sur les deux genoux.
Il m'a répondu
En souriant fatalement
Si c'est là tout ce que j'avais à lui dire.
- Ma grâce ! ma grâce ! ai-je répété,
Ou, par pitié, cinq minutes encore !
Qui sait ?
Elle viendra peut-être !
Cela est si horrible, à mon âge, de mourir ainsi !
Des grâces qui arrivent au dernier moment,
On l'a vu souvent.
Et à qui fera-t-on grâce, Monsieur,
Si ce n'est à moi ?
Cet exécrable bourreau !
Il s'est approché du juge
Pour lui dire que :
L'exécution devait être faite à une certaine heure,
Que cette heure approchait,
Qu'il était responsable,
Que d'ailleurs il pleut
Et que cela risque de se rouiller.
- Eh, par pitié !
Une minute pour attendre ma grâce !
Ou je me défends !
Je mords !
Le juge et le bourreau sont sortis.
Je suis seul – seul avec deux gendarmes.
Oh !
L'horrible peuple avec ses cris d'hyène !

84

Qui sait si je ne lui échapperai pas ?
Si je ne serai pas sauvé ?
Si ma grâce ?...
Il est impossible qu'on ne me fasse pas grâce !
Ah les misérables !
Il me semble qu'on monte l'escalier...»

Quel souvenir hante la vie d'un poète quinquagénaire !
Quelle pensée sommeille dans la tête d'une conteuse septuagénaire !
Quels mots glissent sur la langue d'un lecteur cinquantenaire !

Que la lumière soit toujours sur la conteuse Mâ M'kayi
Sur le poète Victor Hugo
Sur le lecteur Hun'tchimbukune
Et sur tous ceux qui en valent la peine.

Un jour j'ai été jeune moi aussi
Toi tu as de la chance aujourd'hui
Je n'ai pas eu cette chance que tu as
Je n'ai pas vécu comme toi aujourd'hui.
Mais un jour tu répèteras toi aussi cette phrase :

Un jour j'ai été jeune moi aussi

Alors tu te plongeras dans la jouissance de tes souvenirs
Et ton cœur épris de ces tendres moments juvéniles éclatera de joie
Et tu sauras que c'était là, l'un des meilleurs moments d'une vie :
Les moments de lumière

Ah si nienzieh !
Quelle joie !

II

Magnifique...
Merveilleuse langue d...

...des Mots

Ô mots
Ô souvenirs !
Que de mots dans ces souvenirs !
Que de grands souvenirs dans de simples mots !
Comme ils décrivent toutes les scènes :
De la pure naissance à la douce mort
En passant par l'innocente enfance
La joyeuse jeunesse et la sage vieillesse
Tout en précisant les moindres détails !
Quels acteurs ces petits mots !
Comme ils jouent si bien !
Dans ma pensée
Dans mon passé
Observe leurs sourires
Quelles joies
Ils apportent
Ces simples petits beaux mots
Dans mes souvenirs !

... de la Narration

Je parcourais des milliers de kilomètres
À pied
Pour atteindre l'école des blancs
Et y apprendre à parler français.
Je passais des journées entières
Sans boire ni manger.
Je n'avais ni tablette ni ordinateur
Je n'avais ni téléphone portable
Ni téléphone fixe
Je n'avais rien
J'avais juste ton âge
Rien d'autre
Mais c'était différent tu sais
Je n'étais pas comme toi
Et toi tu ne pouvais être comme moi
À cette époque
Non
Tu n'étais pas encore là.

Mais je me souviens j'avais ton âge
Et des cheveux noirs dans le vent
Je courais nu sur la plage
J'allais à la poursuite du soleil couchant

Que veux-tu !

Le maillot de bain n'était pas encore inventé.
Vois-tu, c'était ça
Nous ne faisions pas encore Français
Ni Bantou
Ni Congolais d'ailleurs
Nous faisions...
Sauvages ?
Primitifs ?

Je ne sais plus
Nous ne faisions pas encore…
Civilisés ?
Modernisés ?
Ordinateurisés ?
Smartphonés ?
Nous étions déconnectés
On nous disait Indigènes
Bref…
Nous faisions naturels
Originaux
Biologiques
Et moi je ne faisais rien
Sinon…
Vili tout simplement !
Si tu veux
Nous faisions « nous »
C'est-à-dire
Nous étions « nous »

C'était ainsi
Que nous vivions ici
Nous ne singions rien
C'était bien

Je longeais les ruelles francophones
Je fouillais dans les poubelles des Français
Tu rigoles, pourtant c'est vrai
Où je trouvais de temps en temps un mets francophone :
Pommes de terre et poisson frits
Délicieux et bien épicés.

C'était la fête
Fallait voir ma tête

Rigole comme tu veux

Je ne la perdais pas…
Du tout.…
Elle était encore là
À sa place
Comme elle l'est d'ailleurs encore,
Aujourd'hui
Tu la vois bien, non
Droit debout sur son cou
D'ailleurs à cette époque
Personne ne perdait sa tête

De l'autre côté du fleuve
Là-bas
Nos voisins
Eux aussi
Fouillaient dans les poubelles des Fran…
Non, chez eux il y avait des Belges
Y avait-il des Portugais là-bas ?
Je n'en suis pas trop certain
Ce que je sais
C'est qu'ils étaient partout
Et nombreux
Les étrangers en Afrique
De toutes les couleurs
De toutes les tailles
De toutes les formes
Ils rentraient, ils sortaient
Comme ils voulaient,
C'était chez eux… aussi
Le mot « étranger » n'existait pas chez nous
Chez nous, c'était un fleuve où tous s'y baignaient

Quoi qu'il en soit,
Chez nos cousins
De l'autre côté du fleuve
Il y avait aussi des enfants

Qui allaient à l'école des Blancs
Comme moi
Des Blancs-Belges
Et qui fouinaient aussi dans leurs poubelles
Ça j'en suis certain
Y trouvaient-ils quelques festins
Va savoir
Moi
Je ne saurais te le dire
À cette époque
Je ne connaissais pas bien les Belges
Pour savoir s'ils y mettaient quelques trésors
Dans leurs poubelles
Pour des enfants comme nous
Qui allions dans leurs écoles :
Pieds nus et le ventre vide
Pourtant bien ballonné mais vide
Pour apprendre
À lire
Et à écrire
Leur langue

Pendant soixante-dix ans qu'a duré la colonisation,
Je n'ai fait que ça :
Je mangeais des bouts de pains francophones.
De tous petits bouts de pains bien croustillants.

Ah qu'est ce qu'ils étaient délicieux !

Je les disputais parfois à un chien méchant
De nationalité française
Qui me mettait en garde en articulant :

« Attention chien méchant
Ceci est mon territoire
Attention chien méchant
Gare aux étrangers ! »

Un vrai robot bien réglé
À la minute et à la seconde près

– Sale animal raciste, murmurais-je.

Quelle bonne diction il avait dans ses aboiements !
Ce n'est pas bien de se faire aboyer par un chien français
Il est plus raciste qu'un être humain
Toutes les lettres des sons et cris :
Hou ! oua ! hooooooo !
Sifflaient à travers ses crocs
La rage
La haine

Quelle mauvaise haleine il avait ce raciste !
Et comme il les croquait aussi bien ces croustillants !

Perché sur un avocatier un vieux singe m'observait
Popol était son nom
Puis il fermait un œil
Mettait ses deux mains sur sa bouche
Ses deux pieds sur ses oreilles
Se balançait dans les airs
Avec sa queue suspendue sur la branche de l'arbre
Remuait sa tête et disait :
« *Tu fais honte à ma race.* »
Sale babouin
Comme si nous étions de la même race !
Je lui tirais ma langue d'enfant sans trop m'occuper de lui
Grimace qu'il n'appréciait guère
Mais qu'il rendait merveilleusement bien ;
Lui non plus ne s'occupait de moi
Indifférence totale
Commune
Puis il s'asseyait sur la branche du fruitier
Faisait balancer sa queue tout en léchant ses babines.

Popol avait de la haine pour deux races :
La race noire et la race animale
Et il ne s'en cachait pas
Il y avait de la violence dans ses yeux
Il n'avait aucun souci à se faire
Il mangeait à table
Avec les Belges
Avec les Français
Ensemble ils partageaient les mêmes repas
Ils léchaient dans la même assiette.
Le singe Popol,
Mangeur de fruits de par ses ancêtres
Avait changé de camp
Il n'était plus avec les végétariens
Sale petit papion
Il faisait partie des carnivores
Assassin
Il mangeait ses frères et sœurs
C'est triste un singe nomade
Qui choisit l'exode rural
Et qui ne comprend pas la langue
Très triste

Ils se gavaient
Et au dessert, ils partageaient la banane
En ricanant tous :
Jaune…

Quant à moi, après avoir bien mangé en louant la France
Je continuais ma route vers l'école

... de l'Oralité

J'arrivais en classe
Et là
L'instituteur
Que nous appelions à l'époque :
Le maître
Ou Monsieur
Me mettait devant tous les écoliers
Ces bambins rieurs et moqueurs !
Pour réciter :
La grenouille qui se veut faire aussi grosse que le bœuf

Et je m'y mettais avec mimes
Gestes et grimaces
Pour épater mes petits camarades
Qui me regardaient avec leurs yeux bien ronds.
Et puis, n'avais-je pas bien mangé au point de bien gonfler
mon ventre !

Une grenouill' vit un boeu
Qui lui sembla de bell' taill'
Elle qui n'était pas gross' en tout comme un oeu'
Envieu' s'étend, et s'enfl', et se travaill'
Pour égaler l'animal en grosseu'
Disant : Regardez bien ma soeu'
Est-ce assez ? Dites-moi ; n'y suis-je point encor' ?
– Nenni. – M'y voici donc ? – Point du tout. – M'y voilà ?
– Vous n'en approchez point. La chétiv' pécor'
S'enfla si bien qu'ell' creva.
Le mond' est plein de gens qui ne sont pas plus sages :
Tout bourgeois veut bâtir comme les grands seigneu',
Tout petit prince a des ambassadeu',
Tout marquis veut avoir des pages
La Fontaine fab'

Sans aucune honte.
Et Monsieur disait bravo.
Et mes petits camarades applaudissaient
Avec leurs petites mains joyeuses
Et je partais m'asseoir
Plus héroïque
Que…
La grenouille
Qui voulait se faire aussi grosse que le bœuf.

Et le maître disait encore :
Suivant !
Et les mains se tendaient
Vers lui
Et les petites bouches
S'ouvraient
Et quelques langues
Aussi longues
Qu'une gorge
Sortaient de leur territoire
S'enroulaient
Et se glissaient
Entre leurs dents
Pour crier :
Moi Monsieur
Moi Monsieur
Moi Monsieur
En claquant leurs petits doigts
Pour demander
Le tour magique
D'une fable de La Fontaine

Et le maître indexait :
À toi le tour
En désignant un autre gamin.
Et l'autre gamin se dirigeait vers le tableau noir.

Le tableau était toujours noir
Nous pensions que c'était parce que nous étions Noirs
Unique raison qui expliquerait la présence d'un tableau noir
Parmi nous
Sinon…
Non
Un intrus – l'appelions-nous –
Il nous faisait peur ce tableau noir
Surtout lorsqu'il s'agissait des calculs
Je ne voyais que du noir
(du feu
(ien que du rouge
O uste la craie blanche
S. le tableau noir
Et les autres
Pour se moquer de moi
Riaient jaune
Comme Popol
Et ses amis de table

Soyons franc
Le français est ma matière favorite
Avec cette langue mon visage s'éclaire
Je vois la lumière
Surtout la récitation, j'en raffolais
Il y avait aussi la rédaction
Ah ça, j'illuminais
Tiens par exemple
Voilà que je m'en souviens
À propos de la rédaction
En voilà une très bonne
Écoute donc ça :

Ce matin-là, nous lisons au tableau noir :
Rédaction :
Sujet : Vous êtes attaqués par les abeilles, racontez !

Je prends une feuille double
Et vierge
J'écris
Introduction :
Je vais à la ligne
Et j'introduis :

Les abeilles, les abeilles, les abeilles, les abeilles !

Je saute une ligne
J'écris
Développement :
Et je raconte
Je développe longuement sur les quatre pages
Et tout ce qu'on y lit de haut en bas c'est :

« Aïe, aïe aïe…ça pique, ça pique, aïe, aïe, au secours
Aïe mon œil, aïe mon nez, aïe mon oreille, aïe mon genou,
aïe mon pied, aïe aïe ma joue, aïe mon cou, aïe ça pique,
mon menton, aïe mon bras, ma main, mon doigt, aïe, aïe,
aïe… ça pique, ça pique, mes paupières, aïe mes sourcils,
mes cils, aïe ma bouche, aïe ma lèvre supérieure, aïe ma
lèvrinférieure, aïe ma langue aïe ça piiiiiiiiique ! »

Et à la fin, une conclusion de deux lignes :

« Je suis couvert de sable et de piqûres d'abeilles, je suis
mort mais sain et sauf !
Quelle journée horrible ! »

Et ce matin-là…
Quel âge ai-je ?
J'ai le meilleur devoir de la classe
Monsieur me donne une note de : 18/20

Il y avait aussi la dictée, oui !

Et la lecture bien sûr
Ô comme j'adorais tout ça !
Du temps de Molière, j'aurais passé toutes les auditions
J'aurais incarné tous ses premiers rôles.
J'aurais été Molière

On t'écoute, disait le maître au suivant
Et le nouveau récitant commençait avec grands gestes et
forte voix :

Le laboureur et ses enfants

Travailleeeez, prenez de la pein' :
C'est le fooond qui manqu'le moins…
Un rich' laboureu' sentant sa mort prochain'
Fit veniiiiiiir ses enfants, leur parla sans témoins.
Gardez voooous, leu' dit-il, de vendr' l'héritage
Que nous ont laissé nos parents.
Un trésoooo' est caché dedans.
Je ne sais pas l'endroit…

Nous ne comprenions rien de ce que nous récitions.
Nous ne savions même pas écrire tous ces beaux mots
Qui sortaient de nos bouches…
Pourtant…
Nous étions si heureux…
Si heureux de les dire
De les prononcer
De les sentir
De les goûter
De les vivre
De les glisser
Sur nos langues
Au bout de nos lèvres
Et de les laisser mûrir dans nos cœurs.
Nous nous laissions emporter par leur musicalité.

100

Suivant ! continuait le maître
Et un autre petit francophone allait vers le tableau noir
Ce monstre mural qui nous effrayait tant.

– Allez, Itoua, toi tu récites :

Le loup et l'agneau.

Nous esclaffions tous
Car nous savions que Itoua n'était pas meilleur en français
Cela lui donnait les maux de tête.
Lui c'était le calcul mental ;
À croire qu'il était un malade mental.
Il broyait les chiffres.
Il adorait l'argent
Le pauvre,
Sans s'en rendre compte que cela l'égarait de l'humanisme.
Il commença sa récitation en tremblant
Avec un accent qui n'était pas du tout français
Et qui donnait à son visage la cabosse d'une Volkswagen
Broyée par un poteau électrique
Que le chauffard sans permis de conduire n'aurait pas vue
Dans une ville noire en panne d'électricité
Pour mieux préparer les élections dictatoriales

Il se tenait là
Devant nous
Défiguré
Déjà en sueur
Parfois faisant dans sa culotte

Ô ! Pauvre Itoua !

– *Le... le... le loup et... et... l'an... l'aneau...*

Pauvre Itoua !
Il n'était pas bègue
Mais…
Le français n'étant pas sa tasse de thé,
Il ne l'avalerait jamais
Même s'il était sucré comme du sirop d'érable

Monsieur l'envoya alors se mettre à genoux
Là-bas au petit coin de la classe où il pleura
Et ses larmes tombèrent comme une pluie :
De nombreuses gouttes de pluie
Monsieur lui dit :
– Tends ta main.
Le malchanceux garçon la tendit
Et Monsieur tapa dix gros coups de bâton sur sa main gauche
Et dix autres gros coups de bâton sur sa main droite.

Les jours où Monsieur était de bonne humeur
Il demandait un sauveur pour l'écolier puni.
Le sauveur devait alors accepter de réciter :
Avec une très belle voix
Sans faute et sans hésitation
Avec gestes, mimes de Marcel Marceau
Grimaces de Louis De Funès
Et surtout avec une bonne articulation, la récitation de
l'incapable.
Et moi j'allais toujours à l'aide des autres
Car je vivais pour la langue française
Et chaque occasion qui m'était offerte pour la parler
La défendre
Ou l'honorer
Je sautais dessus comme un chien sur son os
Et j'y mordais à belles dents
Surtout quand il s'agissait de sauver un malheureux.

À chacun ses misérables !
J'avais les miens.

Les Itoua
Et les autres
Je les ai toujours
Et de temps en temps je vole à leur secours
Je leur apprends à nager dans l'océan de ma francophonie
Moi, enfant de ma mère
Et de la vaste mer
Né dans la tradition orale du fleuve kouilou

– Hun'tchimbukune, pointait Monsieur
Et j'allais croquer mon os devant les yeux ronds de mes
camarades :

Admiratifs
Envieux.
Et moi :
Sans honte
Sans gêne
Fier et sûr
J'embrassais le plaisir
De ma passion
Je vivais le grand désir
De ma chanson

Le loup et l'agneau

La raison du plus fort est toujours la meilleure :
Nous l'allons montrer tout à l'heure…

Et comme toujours, après ma récitation, les applaudissements
fusaient dans la salle
Et du coup j'étais le héros qui sauvait toujours Itoua et
tous les siens
Car pour être un bon francophone je le suis.

Je vous l'ai déjà dit : je mange et je respire français

Et comme le dit le metteur en scène Müan Mâ M' Kayi à ses étudiants tout en tirant sur chaque mot et en les détachant des uns des autres :

« Si on veut être un bon acteur de théâtre francophone [11]
Eh bien il faut avoir :
La discipline et la disponibilité de Molière
Ce grand acteur français sinon
On se lasse
On se tasse
On se casse.
Il faut bosser dur
Sur :
La diction
L'articulation
La ponctuation
– Même si on est Français –
Sur :
L'accent
Le mouvement
Le temps
 – Surtout quand on ne l'est pas –
Sur :
L'ondulation,
La cadence
La respiration
Le silence
– c'est très important pour un acteur de théâtre francophone
Et surtout pour quelqu'un qui parle français –
Sur :
L'espace
Le souffle
Le rythme.

---

[11] Le Cri du Triangle, du même auteur aux Éditions Dédicaces

– Surtout quand on est cent pour cent francophone !
Enfin bref…
Faire ressortir dans les textes français
Ce qui fait du français une langue :
Élastique
Artistique
Diplomatique
Politique
Poétique
Romantique
Économique
Écologique
Ecclésiastique
Exotique
Touristique
Médiatique
Aristocratique
Surtout téléphonique
Et viliphonique
– Pour régler les situations France Afrique
Et lutter contre le français soviétique et britannique –
Faire valoir tous ses tics possibles
Faire d'elle un dialecte d'Afrique
Bien la parler pour toujours lui attribuer sa qualité francophonique de chef d'œuvre.
Et ça je l'étais moi :
Très francophonique !
Et je le suis encore

Francophonîquement,
Vôtre !

... de la Prédication

Ô, doux souvenirs !
Que vais-je te dire !
Ce que tu vas entendre,
Vas-tu le comprendre ?

Plus tard un prêtre catholique français est venu
Il m'a baptisé dans la langue française
En m'aspergeant d'eau bénite.
Il ne parlait pas araméen, la langue du Christ.
J'ai failli refuser
Le repousser
Mais…
La langue française…
Dans mes oreilles avait une telle sonorité
Dans mon cœur une telle douceur
Et sur ma peau une telle sensation
Que je me suis laissé envoûter !

C'est donc par de bons sentiments francophones
Et de bonnes expressions françaises
Que je me suis laissé religieusement diviniser !

Je ne me suis donc pas révolté
Contre cette religiosité
Par respect pour la langue française
Et depuis…
Jamais elle ne m'a laissé tomber
Jamais elle ne m'a quitté
Même quand je suis en colère
Et que des souvenirs amers
Viennent hanter ma demeure
Et que d'elle je m'éloigne
Elle me reste fidèle
Collée à ma peau

Comme ma langue dans ma bouche,
Ancrée dans mon être
Comme l'enfant sur le sein de sa mère,
Suçant sans cesse ;
Enfouie dans mon ventre
Comme les larves d'un volcan endormi,
Même quand je suis moi-même
Volcan de feu et de mots
Et que j'éclate
Et que je brûle
Elle me reste fidèle
Alors je me dis :

« Qu'est-ce que la vie est belle,
Avec la langue française pour alliée
Qu'est-ce que cette langue est splendide ! »

J'ai eu la communion et la confirmation
Non pas parce que je croyais en Dieu
Mais parce que je voulais rester proche de cette musicalité
Divinement francophonique.

Il avait une francophonie dans l'âme ce prêtre !

Dans ses actions
Et ceux de ses semblables
Je voyais l'ennemi
Mais sa joyeuse expression francophone
Sa tendre intention continue
Me décrivaient un frère
Et…
Il m'emportait avec lui
Et…
Je me laissais emporter vers ses croyances religieuses
Auxquelles…
Contre lesquelles je me révoltais parfois.

Toujours est-il que chacun de nous se trouve chaque soir
Face à sa conscience
Donc face à Dieu qui sait tout
Et cette conscience
Qui possède l'art du verbe
Et de la langue
Cherche à créer ce qui a déjà été créé
Mais Dieu dit :

– Silence j'écoute !

L'âme créa Dieu
Et la conscience en fit son maître
Dieu existe
Il vit dans notre conscience
Il y habite
Il l'habite
C'est Sa demeure
Et dans ma conscience
Il ne connaît aucune autre langue que le français
Dans sa demeure, Il est francophone
Il est cet autre moi
Mon propre reflet dans le miroir
Qui écoute quand je parle
Et qui face à moi
Murmure ce que je lui dis

Qui exige
Que j'existe

Qui essaie d'imiter mon langage
Et mon accent francophoniques
Qu'il trouve fascinants.

Il a du mal à me comprendre parfois
Car plus souvent

Le verbe s'échappe
Le mot s'enfuit
Il m'est très difficile d'arriver à la perfection
Certes
À l'amour
Le vrai.

Celui qui m'écoute est patient
Alors je balbutie
Je bute
Je lève
Le pas
Je traîne
Le mot

– Silence, insiste-t-il.
Prends une pause

J'existe
Parce qu'il l'exige

Alors je me tais
L'âme en paix
Je m'arrête
J'observe les mots
Aller haut
Le vent
Vers le soleil levant
Et j'écoute
Le message
Du sage

... du Quotidien

Dieu n'a besoin ni d'un bouffon
Ni d'un griot
Ni d'un avocat
Chacun de nous écrit sa pièce de théâtre
Fait sa prière matinale
Crée ses personnages, choisit son propre rôle
Et se fait célèbre
Dans sa langue natale
Dans son petit coin
Chaque jour.
Est-ce moi qui joue mon rôle,
Ou est-ce mon rôle qui se joue de mon personnage ?
Je me plonge dans mes souvenirs les yeux fermés.
Je prends un bain de mon passé
Comme on prendrait un bain de soleil,
Un bain de pluie
Un bain de sable
Dans ce désert du Tchad
Un bain de vent
Un bain de boue
Un bain de foule
Un bain de rires
Un bain de pleurs
Un bain d'honneur
Un bain de sang
Un bain de fumée
Un bain de brouillard
Un bain de neige
Un bain d'écume
Un bain de gloire
Un bain de honte
Un bain de malheur
Un bain de bonheur
Un bain de prières

Un bain de rosée
Un bain de bénédictions
Un bain de malédictions
Un bain de pardons
Un bain de poussière
Un bain de cendre
Un bain de paroles
Un bain de peur
Puis un bain de grandeur
Qui me met face à ma peur quotidienne
Pour la défier
L'affronter
La dominer
Je nage
Sous le soleil
Ou sous l'eau
Libre
Dans l'océan de mon enfance
Dans l'air de mon existence
Je vais au large
Entre eaux et nuages
Plonge sous les profondes eaux
Salées et bleues
Et je sors les maux
Pollués et gazeux
Puis, je plonge à nouveau
Cette fois-ci
Dans mes profondeurs
Dans mes émotions
Y prendre un bain de moi-même
Je réapparais
Et crache ce que la langue française
A de plus précieux dans moi
Devant tous
Cracheur de feu
Je suis

Cracheur de mots
Je suis
Flamme de mots
Je mets
Les maux en flammes
L'air, pollué, reflue
Ah !

Quand la mer brûle
La terre chauffe
Ma mère pleure
Sa gorge crie
Sa langue traduit :

« Arrête, ça suffit ! »

Et chacun emporte avec lui
Ses meilleurs souvenirs
Et chacun souffle
Ha !
Soupirs
Respire
Quel délire !
Et ça recommence.

... de la Réconciliation

Vois-tu, ô toi souvenir, ô !
Souvenir des mots
Et sourire des images
Danse des mânes et des mages
Dans un air de jazz
Et de couleurs
De Mozart
Et de douceur

De douleur
De bonheur
Douleur d'une mère
Bonheur d'un père

Dans ma pensée
Et devant moi court une jeune femme :
Une vingtaine d'années.
Sportive
Belle.
Il me semble l'avoir déjà vue
Enfant
Puis, je l'ai perdue de vue
Adolescent
Du coup je me suis enfui avec le temps
Et je me suis évaporé dans le temps
Et le temps s'est éloigné de moi

Le soleil, comme s'il avait pris du café
N'est pas prêt à se coucher.
Il jubile toujours.
Il y a la vie dans l'air.
Elle lui souffle :

« Reste encore avec moi. »

Il la regarde :
Jovial, amoureux.

Le ciel est ouvert et la mer immense.
Déjà le gros baobab dort
La vie plane autour du soleil.
Jalouse, la terre s'impatiente.
Le reflet des voiliers au loin là-bas
Danse sous l'eau scintillante.
Silhouettes obscures.
Les pigeons blancs atterrissent sur le rivage
Et les colombes noires prennent leur envol vers les nuages
Sans prendre le temps de faire connaissance
Pour ces dernières il se fait tard
Quant aux premiers, il est encore très tôt.
Réconciliation impossible

Méfiance
        Et
Confiance

Déjà le gros éléphant ronfle
Les chauves-souris quant à elles, s'apprêtent
À je ne sais quoi !
Et personne ne s'en occupe :

À part le temps qui passe
Et le fleuve qui coule,
Et la langue française
Toujours vivante
Dans mon âme et conscience

De loin je la vois qui court encore
Et qui court toujours
Sans se lasser
Sans se presser

Je l'ai vue enfant
Puis, je l'ai perdue de vue
Je me suis évanoui dans le temps
Il a vraiment passé, le temps
Il est passé sur ma tête
Et a mis du diamant sur mes cheveux

Où l'ai-je vue

Le fleuve a coulé
Le temps a passé

Dans ma pensée elle reste cette enfant
Qui a mûri avec le temps
Le temps a été son maître
Le temps l'a vue naître
Le temps l'a protégée
Le temps l'a éduquée

Dans ma pensée elle reste cette enfant
Qui a grandi avec le temps
Ce temps qui m'a enveloppé

Ma pensée se trouve toujours derrière ma tête.
Là.
Pas là
Non
Là
Dans ma nuque

Ma pensée
Est toujours dans mon passé
Où elle a encore l'âge de l'enfance,
Où elle est en hâte d'embrasser l'adolescence

Devant moi,

Juste là sur mon front,
S'entassent des projets d'avenir.
À côté, des enfants tirant sur une balle percée
Se préparent pour les futures coupes du monde de football.
Projection dans le futur
Projet fou
Ou projet de fou
Le futur du football en français
Ou le français du footballeur
Le footballeur et son jeu
Son jeu et son français
Le futur en français
Le futur du français
Le futur français
Le français du futur
Le français futur
Un long chemin à faire.
Un bon projet dont la réussite dépend du premier tir
Du premier mot
Du premier but sur le sable chaud de la plage.
De la première phrase sur une page blanche
Et d'un honnête sélectionneur
Pour l'avenir du football
Et de l'enfant
D'un bon professeur
Pour l'avenir du français
Et de l'enfance

Et puis il y a encore elle.
Toujours sportive.
Toujours radieuse.
Toujours jeune.
Aussi présente que jamais
Aussi éblouissante
Éternelle
Dans ma vie

Où l'ai-je vue…
Je n'ai pas envie de jurer,
Dans mon enfance ?
Dans mon adolescence ?
Pourquoi l'ai-je perdue de vue…
Je n'ai toujours pas envie de jurer…
J'ai juste envie de prier :

Puisse cette jeunesse durer éternellement !
Et puisse ma prière être exaucée

J'ai deux fois son âge.
Je pourrai être son père.
Le serai-je ?
Le suis-je ?

Elle déborde de joie
La joie d'être en parfaite santé.
De se savoir en pleine forme
La joie juvénile
La grande force
La grande intelligence
Elle s'arrête de courir
Je sens battre mon cœur
Je veux dire son cœur ou bien
Est-ce le mien ?
C'est elle qui court comme un cheval enragé
Depuis des heures
Maintenant elle marche pieds nus sur les cailloux.
Aïe !
Elle glisse
Titube
Tombe
Se relève
S'arrête.
Sourit innocemment de honte en me regardant

Éclate de rire.
Timide
Et humide !

Je reconnais son sourire
Dans mon rire
Je vois mon rire
Dans son sourire

Devant elle
Et un peu plus loin
Dans ma pensée
Que j'ai toujours là
Non, pas là
Mais là
Oui, là
Vois-tu

Ne te l'ai-je pas déjà dit : ma pensée
Se trouve toujours dans mon passé
Là où son enfance
Et son adolescence
Se bousculent
Se croisent
N'oublie jamais
N'oublie jamais
Aujourd'hui la main
Reçois son revers demain

Un jeune homme de son époque
Peut-être de deux ans plus âgé qu'elle
Lui souffle des mots.
Je n'entends pas ce qu'il lui dit
Je perds mes sens :
L'ouïe
La vue

L'odorat
Le goût
Le toucher
Comme si je suis encore attaqué par les abeilles
Aïe mon œil aïe mon oreille aïe ma langue aïe ma main aïe
mon nez
Cette enfance et cette adolescence qui me suivent toujours

Réconciliation difficile

Que murmure ce jeune garçon
À l'oreille de la jeune fille ?

Il me ressemble
Je sursaute
Est-ce moi ?
Hallucinations

Il lui tend sa main
Qu'il n'aura plus jamais
Elle la lui prend
Sûre d'elle
Qu'elle ne la lui rendra jamais
Un projet bien tracé
Un avenir bien scellé
La promesse d'un meilleur futur
Bienvenus bébés francophones !

Réconciliation possible

Il lui dit encore quelques mots
Que je n'entends toujours pas
Mais que je ressens cette fois-ci
Et qui d'après son geste romantique se traduisent par :

« Viens vivre avec moi ce jour
Et tu vivras pour toujours. »

Elle sourit
Mon cœur bondit
Non, c'est moi qui bondis
Comme un lapin
Au galop
Ou un lièvre
Aux aguets

Mon cœur se blesse
Saigne
Mon sang ne fait pas qu'un tour
Mais onze tours à la seconde
Onze
À la seconde

Comment est-ce possible,
C'est moi à côté d'elle ?
Est-ce moi à côté d'elle !
Que répondre ?
Que répondre !

Cela fait bien longtemps !
Très longtemps
Car j'ai vraiment pris un coup de sagesse
Et elle se baigne encore dans ma jeunesse

Une belle grimace me ramène au passé
Où tranquillement se tient ma pensée

Ce jour-là a retenti la salve solennelle de la liberté
Qui me libéra d'avec moi-même
Elle salua la naissance d'un nouvel homme
D'un autre « moi »

Ô liberté !

D'un futur père.
L'ai-je embrassé ?
Peut-être
Plutôt…
Oui
Nous nous sommes embrassés.
Je souris et applaudis à ce beau souvenir.
Je revois son mignon sourire qui a bondit dans mon cœur.
Et l'enfant qui est née de ce sourire et de ce souvenir !

À cette époque chaque enfant est le fruit d'un amour
Et chaque parent a le sens de l'humour.

L'âge d'or.
Aucun enfant n'est abandonné seul dans l'enfance.
Aucun
Ah ces sourires d'enfant
Ces souvenirs du temps
Ces images
Et ces mots !
Pourvu que la jeunesse vive !
Éternellement !
Puissent les mânes,
Et les mages
Y veiller
Y prier
Pourvu que la jeunesse résiste
À la tentation
Oui puisse ma prière francophone être exaucée…
Pour une réconciliation parfaite

... de Sagesse

Nous naissons tous avec une voyelle
Une voyelle de joie et de réussite
Un cri de victoire
Une voyelle qui précède
L'Amour et l'Argent
Ce vagissement
Cette première lettre de l'alphabet
La première
C'est la première qui franchit la frontière de notre âme.
Une lettre d'amour que nous dédions à l'être aimée :
Maman.
Dès qu'elle fut sortie de ma bouche,
Je vis son sourire m'invitant à sa sagesse
Pour toujours.
Connexion possible !

Souvenirs d'un sourire dans une pensée
Je vois ma mère.
Pensée présente
Souvenir lointain.
Je suis avec elle.
Au commencement il n'y a personne d'autre
Juste elle et moi.
Serrés l'une contre l'autre.
Je viens d'ouvrir les yeux
Ou plutôt
Mes yeux viennent juste de s'ouvrir
Ou bien c'est elle qui vient de me les ouvrir
De m'aider à les ouvrir
Pour la voir
Elle
Cette merveille
Rien qu'elle
Personne d'autre qu'elle

Magnifique création !
Elle ne voit que moi elle aussi
Rien que moi
Personne d'autre que moi
Je suis son miracle
Maintenant je n'attends plus rien
Elle non plus d'ailleurs
Surtout elle
Elle n'attendait que mon arrivée
Je suis là
Après un long voyage
Neuf longs mois d'attente
Je suis arrivé à destination
Sain et sauf
Grâce à elle
Il fait nuit
À minuit
Nuit noire d'un premier novembre
Où les morts, les vivants,
Tous, saints
Se croisent
Se côtoient
Et se partagent la sagesse
La main
Son revers
Ma mère
Moi
Elle me donne son lait
C'est nourrissant
Et j'en demande encore
Et encore
Et encore
Et encore

... du Tact

Il fait noir

Dans le noir

La clarté de notre amour éclaire la pièce où nous nous trouvons. Son souffle mon souffle ensemble forment une note musicale continue et monotone laquelle est coupée par une plainte qui fait ressortir une grimace de souffrance sur son visage mais qui est vite effacée par un sourire forcé qui traduit une peine qu'elle refuse de partager avec moi. Une douleur atroce qui n'a aucune ponctuation et qui est aussi douloureuse que la phrase que tu viens juste de lire. Elle la confie à un gémissement puis peu après me sourit encore.

Elle cherche les mots.

Elle reçoit des maux

Quelques images peut-être… Et enfin, trouve les mouvements nécessaires qui lui permettent de se connecter avec moi. Elle tâte ma tête. Enthousiaste. Petite tête ronde et chauve de bébé. Âmes épanouies à la recherche d'une patrie : nous nous connectons ; d'une langue : nous communiquons. Elle s'accorde la liberté de me chatouiller, de me tripoter. Fidèle à ses chatouillements, je respire, et je lui lis encore ma lettre d'amour « A » Un souffle heureux produit par le plaisir d'un tact. Elle sent bon ma mère. Emportée elle aussi par ce contact léger, elle répond « bébééé, bébé » en français. Deuxième lettre de l'alphabet, j'enregistre le son : « B » ! Déjà avec elle, je bâtis mon histoire. Ma gloire. Je raconte ma vie. Elle adapte sa vie à la mienne et vice versa. Amoureux ! Stimulé par cet amour qu'elle me porte, je chantonne : aaaaaah ! béééééé ! aaaabééé ! Un « abbé » fut mon premier mot. Très divin !

Je suis né francophone.

Divinement francophonique !

... Universelle

Voilà !
Vois-tu ?
Tu le sais maintenant
« Je »
C'est moi :

Hun'tchimbukune
L'arbre
Buendi koku
Bien cambré

Placé dans la nature
Au service de tous
Sur ton chemin
Pour t'aider à porter le lourd fardeau

L'arbre couché sur le fleuve
Pour te faire passer à l'autre rive

L'arbre
Qui offre :
Ses feuilles, ses branches, ses racines
Sa sève, son tronc, ses fruits
Pour ta croissance
Ta santé
Et ton éducation

L'arbre
Que mon père a planté
Que ma mère a porté
Que mes frères ont fortifié
Et que mes sœurs ont arrosé
Matin, midi, soir
En plein soleil

En plein brouillard
En pleine pluie ou en pleine rosée
Pour que je puisse servir l'Humanité
Sacrifice universel

L'arbre : l'universalité
Qui t'apporte du feu, quand tu as froid
Et de l'ombre quand tu as chaud

Voilà !
« Je »
C'est moi

Hun'tchimbukune Buendi Koku

L'arbre : ce bel univers
Ce pont vers l'autre
Ce bras tendu vers l'autre
Je ne me cache plus.

Celle-ci est mon histoire.
Ma gloire
Je ne suis ni un simple sujet
Ni un petit objet.

Je suis
« *Moi* »
« *Minu* »

L'acteur principal
Le personnage réel
De cette vie francophonique…
Et poétique
Et prosaïque
Et viliphonique.

Je suis cette légende
Qu'on chante

Ce conte
Que tu écoutes
Et que tu racontes
« Je » c'est moi
Je suis

Même si l'autre
Veut m'enfermer dans les murs du silence.

L'autre
C'est toi
Djéyi

Moi je suis
L'unité, l'égalité, le progrès
Et toi… « tu as été »
L'esclavage, la colonisation, la dictature

Tu attends au coin de mes lèvres
Au fond de mon cœur
Dans la profondeur de mon âme
Dans la douleur de mon ventre
Tu attends pour accoucher.

Tu as la main et le mouvement
Le geste et l'action
Tu es l'écriture
Je suis la lecture
Moi, je parle
J'ai la voix, la parole et l'émotion
Je raconte, je chante
Tu écris, tu composes
Je suis le beau parleur
Tu es le bon traducteur
Tu as la plume vive
J'ai la langue vivante
Tu es professeur

Je suis conteur
Tu es écrivain
Je suis devin
Je suis divin
Je suis artiste
Tu es diplômé d'État
Je suis diplômé du peuple
Tu prends mes souvenirs et les exposes au grand jour
À ta manière
Dans ton style à toi de noir et de blanc
Tu pénètres ma pensée, te l'appropries
Tu touches mes sentiments
Et tu les inscris sur la page blanche du monde
De ton monde à toi.
Tu ouvres mon cœur
Le coupes en petits morceaux
Et tu l'étales au marché public pour une vente aux enchères
Tu m'exposes aux bords des mers
Dans les plages profanes
Pourtant je ne te connais pas toi
Ni vu
Ni connu

Nous ne nous sommes jamais serré la main
Ton nom même ne me dit absolument rien
As-tu une histoire, que tu me la racontes
Pourquoi t'entêtes-tu à écrire la mienne ?
J'avoue que tu écris bien :

Tu as le point bien rond au sommet de ton cou
La virgule recourbée dans le nez
Le mot dans le cœur
Le verbe dans l'estomac
Les accents sur les jambes et les bras
Les adjectifs pleins le corps
Les deux points bien enfoncés dans les yeux

Les parenthèses sur les tempes
Les interrogations sur les oreilles
Les exclamations sur les doigts
Les guillemets sur les commissures des lèvres
Ta démarche est une bonne ponctuation
Une ondulation marine, une éloquence parfaite
Et ton tout est une belle phrase bien construite.

Il n'y a rien de si magique à cela
J'en conviens
Tout le monde peut écrire une belle phrase
C'est tout bête
Chaque phrase commence par une lettre majuscule
Et termine par un point
Aussi simple que ça
Un sujet, un verbe, un complément
Et hop !
On entre à l'Académie française
Et on en sort triomphant
L'épée à la main
Et la plume dans la poche

Mais il y a dans ta phrase quelque chose de magique
De poétique
Et de philosophique à la fois
Une sorte de trinité
C'est ça…
Et ça…
Vois-tu
C'est quelque chose que je ne possède pas… encore
La trinité du langage francophone
Cette forme de divinité littéraire
L'âme de la littérature et du langage
…ça… je ne l'ai pas… encore

Ce que tu as de mieux que moi

Certes je le reconnais
Ce n'est ni ta réputation ni ta richesse
Mais plutôt ton style
Dans cette langue universelle

En te lisant, je vis la magie.
Comme si toute ma vie était un tour de magie
Animée par des courbes poétiques :
Tristes et joyeuses, bonnes et mauvaises, monotones
Parfois mélancoliques, langoureuses… ondulatoires
Poétiquement divines ou divinement poétiques ?
Philosophiquement divines, poétiques
Ou divinement, poétiquement philosophiques ?
Contradictoires !

Tiens, je m'embrouille !
Je m'égare.
Somnambule

Posons les pieds sur terre
Et non sur Lune.
Surtout pas sur Mars.
Ne rendons pas jalouses les planètes.

Craignons
La guerre des étoiles
Des rayons solaires, des grains de sable
Des eaux
Des mots
Des maux
Et des étincelles de feu
Et surtout évitons la guerre des hommes et des nations.
Évitons la fournaise du volcan.
Revenons sur terre et demandons-nous :

Qui sont le magicien, le poète et le philosophe ?
Le miroir et le reflet ?

Est ce le narrateur, le personnage ou l'écrivain ?
Est ce la même personne ?
Qui décide que tel destin doit être tracé comme ceci
Et tel autre comme cela ?
Que telle vie doit être vécue différemment de telle autre ?

Répondez-moi ô illustres ancêtres !

Est-ce vrai ce qu'on raconte :

Dieu perdu dans les ténèbres de la nuit
Aurait laissé à l'homme toute responsabilité
Et lui aurait même donné le titre de maître-destructeur ?

Pourtant une conversation
Que j'eus plus tard avec Victor Hugo
Me présenta un Dieu :

Parfait
Grand
Vrai
Bon.

Il me dit :

« Dieu c'est le seul azur dont le monde ait besoin [12]
L'abîme en en parlant prend l'atome à témoin
Dieu seul est grand, c'est là le psaume du brin d'herbe ;
Dieu seul est vrai ! c'est là l'hymne du flot superbe ;
Dieu seul est bon ! c'est là le murmure des vents ;
Ah ! ne vous faites pas d'illusions, vivants !
Et d'où sortez-vous donc, pour croire que vous êtes,
Meilleurs que Dieu, qui met les astres sur vos têtes,
Et qui vous éblouit, à l'heure du réveil
De ce prodigieux sourire, le soleil ! »

---

[12] Les Contemplations

... de Vérité

En vérité, en vérité je te le demande
Dis moi
Si Dieu est vrai
Grand
Et bon
Alors…
Qui est le fou, le philosophe, le poète, le magicien,
l'écrivain, le narrateur, le conteur, le professeur, l'artiste, le
condamné, le juge, le commissaire, le devin, le divin, le
bourreau, l'enseignant, le magistrat, le gendarme, le marquis,
le grand seigneur, le petit prince, l'ambassadeur, la policière,
le pêcheur, le pécheur, le fils, le père, le volcan, le tableau
noir, la craie blanche, le religieux, le somnambule, le
terroriste, le berger, le bouffon, le griot, l'avocat, le reflet, le
miroir, le chien, le bœuf, le loup, l'agneau, l'enfant, l'homme,
le maître-destructeur, la femme, le laboureur, la grenouille, le
sauveur, le singe Popol, la vérité…
Qui…

Dieu ?

... du Waouh

Eh bien,
Écoute alors !
Qu'on me prive de tout
Mais pas de ma langue

Nuit noire…
Tombe la pluie…
Non !
Tombent les pensées, que dis-je ?
Que tombent les souvenirs !

Qu'on ne me dépouille point !
Qu'on me laisse ma francophonie
Pure et sauve
Saine
Aller droit son chemin

Mes premiers souvenirs commencent avec elle !
Avec ses couleurs…
Ces crayons de couleurs
Que mon frère Muvungu reçoit du prêtre catholique :
Le Français père Pierre.

Ce jour-là, il a deux ans.
Avec ma mère il va à l'église du quartier
Pour y assister à la naissance de Jésus fils de Marie.

Il le trouve à la crèche
Paisiblement endormi
Entouré des trois mages
De quelques animaux
De sa mère
Et d'un homme qui doit être son père
Mais qui ne l'est pas
Car il ne ressemble pas à l'homme, lui, le bébé

L'homme
Qu'on appelle Joseph
Lui, sent la sueur, la planche, la menuiserie, la poussière,
la soumission, bref, il est un gros fardeau pour lui-même.

Et le bébé respire :
La bonté
La divinité
L'humilité
L'égalité
La fraternité
La liberté
L'amour de l'autre et le pardon
Le pur sacrifice

L'homme lui
S'est fait avoir ;
Son amour
Pour la mère du bébé
L'a entraîné dans une galère
Sinon lui
Il n'a rien à voir
Avec cette histoire
D'ange
De vierge
D'étoiles
De mages
De pécheurs
Et de sauveur

Un seul point commun :
Ils sont en fuite
Le bébé, la mère et lui
Réfugiés politiques et religieux :

L'homme, malgré lui
La femme, bon…trop bonne peut-être ?
Disons, bonne et naïve.
Et le bébé
Est-ce un mauvais sort ?
Toujours est-il que c'est son destin :
Un destin imposé par celui qui le créa à son image

Muvungu est fasciné
Par son histoire :
Celle du bébé
Son avenir
Celui du bébé
Il veut être au milieu de ces fuyards
Dans ces lumières
Et parmi tous ces animaux.
Il veut prendre le destin de l'enfant.

Il le trouve mignon
L'enfant
Pas le destin
Son destin
Il le trouve triste
Amer
Dur
Court
Il veut le changer
Son destin
Il veut y ajouter une meilleure fin
Il le veut très grand
Un peu de belles couleurs
Et qu'il reste mignon
L'enfant
Pas le destin.

Qu'il ne change point
Qu'il ne grandisse point
Qu'il ne soit ni male ni femelle
Mais enfant seulement
Et surtout qu'il ne soit pas crucifié
Pour sauver et les bons et les méchants
C'est injuste, cela n'a aucun sens
Qu'on ne lui donne ni viande ni vin
Et qu'il ne meure pas de soif et de faim
Lui l'enfant
Que Muvungu prend pour son frère
Alors qu'il ne l'est pas
Mais il pourrait bien l'être
Il veut l'appeler Buendi Koku
Car tous deux
Ont quelques points communs :

La mère de Muvungu s'appelle Mamalie
Qui veut dire Marie
Et elle est ménagère
Comme la Vierge
Qui porta sa calebasse d'eau sur sa tête
Le jour de son premier rendez-vous avec son ange Gabriel
Vous vous souvenez

Et son père s'appelle Zèzeffu
Qui signifie Joseph
Et qui comme le juif Joseph est charpentier.

Ils ont donc un point commun aussi
Les deux hommes
Sauf que lui, Zezeffu, est vili
Mais cela ne l'arrête pas
Il n'est pas raciste
C'est juste un être humain
Et c'est tout ce qui compte.

Et puis Zezeffu n'est pas réfugié
Tant mieux
Il a sa maison
Il en a deux
Héritage qu'il lèguera à ses enfants
Sans aucun doute
S'il veut bien
Sinon il peut tout vendre
Il n'est pas religieux non plus
Qu'importe
Il est clément et compatissant
Lui Zezeffu
Et aussi lié à Mamalie
Comme Joseph à Marie
Amoureux
Tous deux
De deux ménagères
À la fois vierges et mères
De la tête aux pieds
Waouh !
Quelle histoire !

...du Xénophile

Au moment où Muvungu, fasciné, veut rentrer dans la crèche, le père Pierre arrive derrière lui, le tient par les épaules. Muvungu se retourne, lève les yeux et le voit.
Père Pierre lui dit :

Prends ces crayons de couleur et ces papiers de dessin, quand tu seras grand, tu dessineras ce que tu vois et je te donnerai un gros cadeau.

Muvungu prend le paquet de couleurs, les papiers et court vers sa mère. Impatient, il n'attend pas d'être grand.
Tout de suite, il trace, il dessine, il peint :
Et la crèche, et l'étable, et les moutons, et la mère
Et l'homme à côté d'elle tout en sueur de la tête aux pieds qui doit être son mari
Et les mages qui ont les traits du Père Pierre
Et les lumières qui représentent les étoiles, la lune, le soleil
Et le petit bébé qui me ressemble
Moi
Hun'tchimbukune
Et qui sourit.

C'est lui qui a sans aucun doute donné un visage à bébé Jésus
Qui sait
Sauf que son Jésus à lui est arc-en-ciel
Mais quand on le lui dit il répond :
– Non, c'est Léonard de Vinci qui a donné les visages de Jésus, de ses disciples et de Marie-Madeleine lors du dernier souper. Moi je n'étais pas là.

Il a la main dans l'œil Muvungu !
Le père Pierre est très content de lui mais voilà
À deux ans il ne parle pas encore
Il est muet.

138

Et mon père n'arrête pas de répéter :
« Le fils aîné est toujours moins intelligent que les autres »
Et ma mère n'arrête pas de dire :
« C'est mon fils aîné, il ira à l'école, il parlera »
« *Même tchicole, ça sera pour rien nutile* », concluait mon père...
Ce qui veut dire :
« Même l'école lui serait inutile »

Il a parlé très tard mon frère
À l'âge de six ans peut-être...
Juste à la veille de sa première année scolaire.
Mais même s'il n'avait pas encore la langue française
Au moins il avait déjà la main française.

... du Y-a-qu'à ou... du Yaka

La Chine à l'époque est loin de devenir la première grande puissance économique mondiale. À cette époque, elle étudie encore la philosophie de Mao Tse Tung. Tout nous vient donc de la France. Y'a que la France. Sur le paquet de couleurs que reçoit Muvungu, on peut bien voir son drapeau tricolore :
Bleu Banc Rouge.
Y'a qu'à la France… qu'on doit tout… dit-on

On l'imagine toujours en train de nager
De flotter ou de bouger
Sur terre sous les eaux ou dans les airs
Sur les lacs et dans les mers
Sur chaque boîte de conserve
Sur chaque boîte d'allumettes
Sur chaque jouet
Sur chaque petit objet
Toujours mobile
Même quand il est immobile
Toujours prêt à faire quelque chose
À courir pour une bonne cause
À trouver des solutions à tous les problèmes
On l'appelle de partout
Dans la langue lingalophone de Papa Wemba :
Yaka Falance ! Boyaka ba Falançais !
Ou dans la langue francophone de Passi [13]
Viens la France ! Venez les Français !

Le drapeau tricolore
Est le drapeau de toutes les races
De toutes les couleurs
On le lit sur toutes les faces

---

[13] Chanteur-rappeur Congolais-Français

...du Zèle

Un jour le père Pierre vient à la maison avec un carton de jouets.
Muvungu choisit les plus beaux :
Un train et une voiture électriques
Une balle de football avec le roi Pelé dessus.

Et moi ?
Eh bien je…
Qu'est-ce que je reçois ?

On me donne les plus utiles
Car tenez-vous bien
Il y a aussi dans le carton
Une boîte qui contient toutes les lettres de l'alphabet
Et un petit livre d'Alphonse Daudet
Que mon frère repousse sans hésitation.
Il commence à faire rebondir la balle de Pelé.

Le père Pierre reprend
Les lettres de l'alphabet
Le livre de Daudet
S'avance vers moi
Ouvre la boîte
Et commence à m'apprendre l'alphabet.
Je m'intéresse aux différents sons des lettres.
Il les fait tinter ensemble
Dans sa bouche
Comme de petites cloches !
Les lettres sortent de sa gorge, de sa langue, de son cœur
Ou de quelque autre part du dedans de lui comme des
éclats de rire :
A, B, C, D, K
Des sourires moqueurs pleins d'humour :
E, G, I, U, J
Des soupirs joyeux :

F, H, S, X
Des murmures intimes :
L, M, N, R
Des surprises rythmées :
O, P, Q, T, V, Z
Des rires, et des sourires cassés :
W, Y.

Et j'entends Victor Hugo
Souffler dans ma tendre âme d'enfant :

« *Tout enfant qu'on enseigne est un homme qu'on gagne*
Tout homme ouvrant un livre y trouve une aile, et peut
Planer là-haut où l'homme en liberté se meut.

L'alphabet que l'enfant avec le doigt épèle
Contient sous chaque lettre une vertu ; le cœur
S'éclaire doucement à cette humble lueur »

Ces mots, ces notes et ces sons,
Que je vois sortir de l'âme même du père Pierre,
Et qui défilent devant moi
Tout en s'offrant à moi pour que je les utilise à mon tour,
Sont :
L'humble lueur qui illumine
Et mon âme
Et mon cœur !

Et cette chanson des voyelles
Oh là là !
Si douce, si douce, si douce !
Comme ces berceuses maternelles,
Qui nous entraînaient lentement,
Mes frères, mes sœurs
Et moi
Vers…

142

– comme aimait le dire ma mère,
Dans sa francophonie à elle – :
« *Allez, Papa sommeil vous attend.* »
Vers Papa sommeil !
Lequel Papa sommeil veillait sur nous toute la nuit,
Pour enfin nous quitter dès le premier chant du coq
En nous confiant soigneusement
Dans les bons soins de Maman
Qui, sans attendre un seul instant
Reprenait ses douces berceuses
Pour que nous ne pleurions pas !

Des sons
Et des sons
Rien que des sons
Toujours des sons
« *i, u, o, a, e, é, è, ê* »
Que j'attrape avec mes yeux
Avec mon cœur
Je suis excité
Emporté
Je répète sans arrêt les mots que je connais déjà
Ceux que j'ai appris de ma mère
Je forme un chant
Que je mélange au son,
Et j'en fais une chanson :

« *aaaa, aa, a, bé, bééé, b, aaabééé, béééébéé !*
Bé bébé bébébébé !
Pan !
Bébé bébé bébébébé bé ! »

Le père Pierre me regarde
Fasciné !
Mes petits doigts s'entrecroisent
Mes orteils dansent

Ma petite bouche
Souffle
Rit
Sourit
Murmure
Soupire
Salive
Et rythme avec zèle les lettres de la langue française.
Je chantonne.
Je chuchote la chanson
Des voyelles
Des lettres
Et des mots que je fabrique en mélangeant les lettres et les voyelles.
Ravi, père Pierre prend le petit livre et me lit en intégralité l'histoire de la chèvre de Monsieur Seguin, ce beau conte écrit pour toi et moi et que je te recommande vivement. Je ne peux pas le lire à ta place, sais-tu, le conte est une complicité entre le narrateur, le lecteur et le conte lui-même. Ils se donnent la main et avec une seule voix vont à la recherche d'un mot pour sauver le monde. Un seul. Et ce mot, c'est la sagesse.

Pour te remettre à la page mon cher lecteur, ainsi que toi chère lectrice, écoutes ce que me confia le père pierre à la fin de sa brillante lecture :

« Garde bien cette histoire et chaque fois que tu voudras te détourner de la langue française, souviens-toi de Blanquette et du loup, Hun'tchibukune, souviens-toi de Blanquette et du loup. »

Avec mes petits yeux bien ronds et bien ouverts, j'acquiesce en imitant tristement la désobéissante Blanquette et le méchant loup :

« Mêêê… mêêê… mêêê !
Hou… hou… hou ! »

Ce fut-là ma première phrase dans la langue du père Pierre, et ce fut aussi le dernier jour où je vis celui qui le premier m'ouvrit les yeux et le cœur aux prodiges de l'écriture et de la lecture francophoniques.

Il disparut le lendemain.

III

Langue vivante

Le Kouilou : fleuve vili-francophone

Ce matin-là
Père Pierre
Et d'autres pères comme lui
Et beaucoup d'autres Français comme eux
Quittent Pointe-Noire
Capitale économique du Congo Brazzaville
Pour se rendre à Madingo Kayes
Y construire une église
Et une école
Pour que les enfants de là-bas apprennent :
Les psaumes du roi David
Et les poèmes de Jean De La Fontaine.

Madingo Kayes est à deux heures trente minutes de voiture en partant de Pointe-Noire. Mais ce jour-là Père Pierre et ses amis pères et leurs amis français ne sont pas arrivés à destination. Ils n'ont pas roulé pendant deux heures trente. Ils sont tombés dans le fleuve Kouilou qui les a entraînés jusque dans la mer où ils ont disparu.

Tous

Pour toujours

C'est mon frère Muvungu qui est venu me raconter ce drame avec ses gestes et ses couleurs francophones. Il me raconte beaucoup d'histoires avec ses dessins. Lorsqu'il m'a décrit l'accident du père Pierre, des autres pères et de leurs amis les autres Français, il a créé tout un village, tout un univers... il a peint toute une tragédie poétique. Il parle français avec la main, la couleur et le dessin.

Vois-tu, comme toi, il a la trinité du langage.

D'abord il peint le ciel bleu
Avec des nuages blancs
Qui se baignent dans l'eau du Kouilou.
Dans chaque côté du Kouilou,

Il place un village à la terre rouge.
Il donne une conscience à la terre
Une conscience et de l'intelligence
Voire une âme, un cœur
Car on la sent vibrer, respirer
Battre.
On la hume.
Il peint des cases en jaune ocre
Aux toits de paille gris et joyeux
Il plante des arbres auxquels il insuffle une vie :
Des manguiers, des palmiers, des avocatiers
Des goyaviers, des papayers, des cocotiers
Dont le feuillage peint en vert
Danse timidement sous le soleil jaune
Accompagné de l'air doux du vent qu'il place dans l'espace.
Et la fumée qui monte, monte
Et qui sent le poisson fumé
Séché
Et salé
Le poisson d'eau douce
Que notre grand-mère Tchissimbu tchi M'kayi
Ramène du lac de Yanga.
Sur les cocotiers il place des noix de coco
Il y en a même qui échouent au sol
Comme des dictateurs aux visages ridés et fatigués.
Au milieu de chaque village, il élève deux gros baobabs :
C'est là où se trouve la grande école du savoir
De la sagesse
Et de l'intelligence.
C'est là où se tiennent les grandes réunions
Où on célèbre toutes les cérémonies :
Mariage, funérailles, récolte.
C'est aussi le lieu des palabres
Et des solutions aux problèmes quotidiens.
De la politique aussi
La politique traditionnelle.

Lorsqu'il finit de situer l'école traditionnelle
Il place des oiseaux dans le ciel :
Les corbeaux, les hirondelles, les colibris
Les pigeons verts, les hérons
Qui errent en dessous du ciel.
Ils sont si vrais qu'on les entend chanter.
Comme compagnons il leur donne des papillons qu'on voit voltiger ici et là.
Il leur épargne les moustiques parce qu'il ne les aime pas lui-même :
Le paludisme, cette épidémie mortelle causée par leurs femelles
Les anophèles, a failli l'emporter
Donc il efface les moustiques sur son territoire
Il voit que tout cela est bon
Alors il place les hommes et les animaux
Les femmes et les enfants
Dans les villages, de chaque côté du fleuve.
Il place des pirogues sur l'eau
Et dans les pirogues il met le père Pierre
Les autres pères et leurs amis les Français.

Une trentaine de pirogues, avec leurs passagers blancs, quelques chefs et guides noirs traversent ce matin-là le fleuve Kouilou, espérant arriver de l'autre côté avant midi, pour assister à la grande réunion qui a lieu sous le grand baobab, cette après-midi-là.
Ils rament
Ils rament
Ils rament

Et voilà que dans le ciel il assombrit les nuages.
Il assombrit l'eau.
Il fait frissonner les feuilles des arbres
Il fait tomber des noix de coco
Qui roulent par terre

Comme ces dictateurs déchus
Avec leurs cheveux blancs, teints en noir
Qui font ressortir leur vieillesse
Tout en cachant leur sagesse :

Ah ! Si vieillesse savait,
Que jeunesse arrivait !
Au galop
Hop hop hop !

Il suscite la panique chez les oiseaux, les papillons et les animaux
    Ils volent
    Voltigent
    Bondissent çà et là… les hirondelles rasent le sol.
    Il fait ressortir les vagues des eaux
    Les fait tourbillonner
    Fait voler quelques sardines dans les airs
    Et les fait replonger dans le Kouilou
    Fait souffler les vents qui s'élèvent… haut !
    Et font tanguer les pirogues où
    Pierre, pères et autres citoyens français
    Commencent à réciter les chants de David
    Dans la langue française
    Pour être sauvés des eaux :

L'Éternel est mon berger [14]
Il me dirige près des eaux paisibles…

Puis…
Tout à coup…
Il plonge les ondes agitées dans une obscurité opaque
Qu'il fait traverser par un éclair déchirant

---

[14] Cantique de David, Psaume 23

Et laisse abattre une' grande tempête sur le Kouilou qui coule à flots.
Les eaux bourdonnent
Et emportent toutes les pirogues et leurs passagers.
Après avoir tout englouti
Il calme les eaux
Éclaircit le ciel
Qu'il unit par une ligne horizontale
Presque invisible.
Il fait traverser deux arcs-en-ciel dans les cieux.
De l'est à l'ouest
Et du nord au sud

Le Kouilou retrouve son souffle normal. Il s'ouvre à nouveau au ciel qui lui aussi reprend sa respiration et se plonge amoureusement dans l'onde claire et paisible. À la surface de l'eau, Muvungu fait flotter le drapeau bleu blanc rouge et le drapeau vert jaune rouge :
Vive les Républiques !

C'est ainsi que disparurent les pères et les Français qui voulurent construire la première église et la première école pour les indigènes de Madingo-Kayes.

Les premiers habitants vivant au bord de la mer qui se baignèrent dans l'océan cette année-là et la génération qui naquit d'eux parlèrent couramment français. Les habitants de cette région sont tous vilifrancophones ; leurs conversations sont pour la plus part à cinquante pour cent viliphone et à cinquante pour cent francophone. Même quand ils parlent vili, ils y glissent toujours des mots français.
Ils se font appeler : *N'vili tchibambe* : le vili est un blanc, entendu par là, un Blanc français
Et non belge ou autre.
Pour ces Vilis-Français :
La peau est noire

Le cœur est blanc et la langue : française.

Parmi eux on trouve les écrivains :

Mambou Aimée Gnali [15] qui, comme la jeunesse montante, n'a pas sa langue dans la poche

Jean Baptiste Tati Loutard et Tchitchellé Tchivela

Jean Félix Tchicaya, premier député congolais à l'assemblée constituante de Paris

Son fils le poète Tchicaya U Tam'Si, *qui raconte, traite, harangue, parle pour son pays* [16] et qui :

Enfant, eut les boyaux durs comme fer et la jambe raide et clopant [17]
Il allait terrible et noir et fièvre dans le vent
L'esprit, un roc
Lui faisait entrevoir une eau ;

Et bien entendu, il y a moi
Je suis la rivière qui coule et franchit les obstacles :
Les buissons touffus et les gros cailloux
Qui s'égare, se perd, sort de son lit
Mais peu à peu retrouve son chemin
Suit son objectif
Atteint le fleuve puis l'océan
Devient une vague énorme
S'élève
Et balaie tout sur son passage.

Je suis mwuile
C'est-à-dire la rivière
Et qui devient
Liyoh

---

[15] Première bachelière de l'Afrique-Équatoriale française
[16] Tchicaya U Tam'si, celui qui raconte ou qui traite les affaires ou les choses du pays : « Parlons vili, langue et culture vili » de Gervais LOEMBE
[17] Le mauvais sang, Tchicaya U Tam'si

Qui veut dire :
La vague.
Je suis l'arbre
Utile à tous
Et pour tous

Viliphoniquement,
Verte est la feuille dans laquelle je me mire :
Mon présent
Jaune est le soleil d'après l'aube qui me guide vers
l'avenir :
Mon futur
Rouge est le sang de ma mère qui coula et me poussa à la
vie en ce 1er novembre :
Mon passé

L'errance francophone

Le père Pierre mort ma francophonie allait disparaître.
Le manque d'une vie francophone appauvrirait mon
imagination.
Quelle foliphonie !

Rejeté trop tôt de l'apprentissage et du savoir.
Aller devant soi
Aveugle
Sourd
Muet
Sans éducation
Sans avenir.
Cruauté humaine... Que faire ?
Perdre le sens de l'humour et habiller la cruauté
Ou garder la bonne humeur et porter la soutane de la
francophonie ?

Gare au méchant loup, Blanquette !

Être vili et ne pas parler français est une honte pour le
peuple vili
Et une trahison pour la famille francophone.
Je commence donc à construire mon territoire.
Je possède un fondement : l'alphabet français.
Je bâtirai donc sur du roc, pas sur du sable mouvant.
Je ne suis donc pas analphabète.

Avec mon ABC, j'ai le BAC
Et avec mon BAC du ABC
Je bâtirai mon royaume.
Je serai diplômé du tas

À un moment je suis bloqué, figé.
L'espace francophone m'est interdit.
Territoire mythique.
Espace mystique.
Et dans ce terrain mystérieux je glisse très souvent
Je trébuche, je tombe
J'attends un coup de pouce
Qui n'arrive pas… eh bien qu'il en soit ainsi
À ce moment chacun de nous est son propre coup de pouce
Ou encore chacun s'assoit et Dieu le pousse
Mais moi je me ramasse
Je me lève sans attendre
Et je me pousse
Et j'avance tant bien que mal
Dans l'aveuglement…Tant mieux !
Et pour reprendre le mot francophone cher à mon père
Je dirai :

À l'aveuglette !
Gare au méchant loup, Blanquette !

Avancer nous conduit toujours vers l'idéal.
J'avance vers l'endroit où m'attend mon destin.
Sur mon chemin je ramasse les morceaux de bois
Ces bonnes paroles de Tchicaya U tam'Si pour en faire
Un feu de brousse
Un feu de camp
Un feu de conte
Alors raconte, ô
Feu de la connaissance et du savoir :

Donc fichu mon destin sauvez seul mon cerveau [18]
Laissez-moi un atout rien qu'un cerveau d'enfant
Où le soleil courait comme un crabe embêtant
Où les mers refluaient m'habillaient de coraux…

---

[18] Tchicaya U'Tam'si, le mauvais sang

Et j'allume mon feu.
Il brûle.
Il crépite.
Les étincelles volent vers les étoiles.
Je deviens une étincelle, une étoile
On me prend pour une planète lointaine
À explorer coûte que coûte après Mars
Je deviens le projet de tous...
Je deviens mon propre projet
Je vais à la recherche d'une glorieuse destinée
À la poursuite de chaque pépite
De chaque perle rare
De chaque phrase française
À la ruée vers les mots
J'avance, j'avance comme l'escargot, sans reculer
Avec mon cerveau d'enfant que je réussis à sauver

Quatre-vingts kilomètres à pied, ça use, ça use
Cent quatre-vingts kilomètres à pied, ça use les souliers
Et même quand ça use les talons, je continue d'avancer
Et surtout je ne croise ni ne baisse les bras
Mais je les balance toujours et toujours
En mouvement
Je les balance encore et encore
Devant moi
Afin qu'ils poussent le corps et les jambes à aller plus loin
Toujours plus loin
Devant moi
À la rencontre de mes années à venir
Qui s'éloignent
Je m'accroche et j'avance
Toujours à la poursuite de mon âge. Je me cherche
En avant marche !
Encore et toujours plus loin vers le rêve devant moi
À petits pas, vois-tu, pour ne pas perdre mon humilité

L'imagination lointaine mais certaine et proche
Et qui m'éloigne de mon propre exil.

Marchons, marchons !

Un grain de raisin me fait danser dans l'air du vent.
Je vais à travers les eaux défiant tous les maux
Je vais vers d'autres mots
De beaux mots.
Ceux de l'esprit
Sans aucune vulgarité.

Je sais, je suis Noir quelque part
Congolais de l'autre mais aussi francophone d'un côté
Et Français-Vili de l'autre.
N'vili tchibambe. Le Vili est un Blanc.
La France ne pourra jamais plus compter sans moi
Bleus sont l'océan et le ciel qui me rapprochent de sa terre.
Blanc est son flocon de neige qui me raconte son épopée
dont je fais partie.
Rouge est la goutte de mon sang qui a coulé pour sauver
sa patrie.
Je suis son emblème
Le coq sportif qui continue à chanter
Même quand ses pattes sont bien enfoncées dans la boue.

Délires francophones

Maintenant je suis le seul compagnon de la nuit noire
Et solitaire.
Présence envoûtante
Réconfortante
Somnambule
Avec de temps en temps une pensée pessimiste :
Allais-je porter le fardeau de l'ignorance toute ma vie
Toute une vie
Moi,
Hun'tchimbukune
Buendi koku,
Allais-je moi
Porter ce poids du non-savoir dans ma tête
Dans mon âme
Dans ma conscience
Là dans mon cœur
Moi qui possède les grands piliers
De la langue française
Ces vingt-six lettres de l'alphabet
Qui résonnent qui résonnent qui résonnent…
Là dans ma tête
Qui prennent le dessus sur ma langue congolaise,
Allais-je moi, Muän M'kayi, porter ce fardeau,
Ce lourd fardeau de l'ignorance ?

Chacun de nous porte son fardeau à sa manière :
Sur la tête, sur l'épaule.
Ma mère porta le sien tantôt dans son ventre
Tantôt sur son dos
Et lorsqu'elle voulait souffler
Respirer
Elle le mettait sur son sein.
Infatigable !

160

Où pose t-on le fardeau de l'ignorance ?
Je râle
Je raille
Je racle ma gorge
Je ne m'écoute plus
J'enrage.
Il y a en moi le viliphone
Et le francophone
Je ne sais plus lequel dit vrai.
Lequel domine ?
Lequel des deux suis-je ?
La main, le revers ?
J'ai l'impression qu'ils mentent tous les deux
Et qu'ils ont tous deux le même mensonge.
Et que je ne suis
Ni l'un
Ni l'autre
Leur mensonge est un songe faux
Un rêve trompeur
Qui ne peut être interprété que par le père du mensonge :
Odysseus
Sinon on est pris pour un malade mental.

Arrêtez-donc, je ne perd ni ma raison ni ma passion
Ne m'enfermez pas dans un monde psychiatrique

Lequel des deux domine vraiment,
Le viliphone ou le francophone ?

Dieu ne dort jamais dit-on
Pourtant il ne dit mot.
Je ne crois pas aux adages :

« Qui ne dit mot consent »
Non !
Qui ne dit mot se tait !

« Pas de nouvelles, bonnes nouvelles ? »
Faux… pas de nouvelles, ignorance totale !
Je délire

Donc fichu mon destin

Franchement parfois c'est dur !
Me voir comme je suis, je me dis :
Que deviendrais-je si je m'écartais de la francophonie ?
Aurai-je une identité ?
Jusqu'où m'étendrai-je ?
Je ne sais plus quoi dire.
Quel délire
Parfois j'ai juste envie d'écouter
Mais à l'intérieur de moi personne ne parle.
Et moi-même je ne parle plus.
Bouche cousue
Crier me casserait les tympans
Je n'ai pas envie de crier
Et je ne vais pas pleurer
Je tends l'oreille attentivement
Je ne m'écoute plus
Ni mon silence
Ni mon soupir
Je me tais dans le silence de l'absence
Moi qui raconte des histoires
Moi qui connais toutes les voyelles
Et toutes les autres lettres de l'alphabet français
Je n'ai plus de mots.
Plus une parole.
Je me casse la tête
Qu'est-ce que ça change ?
Mieux vaut la garder.
Intacte
La vider de mauvaises pensées
Et la remplir de bonnes

162

Surtout ne pas la casser
À quoi ça sert une tête cassée ?
Je la garde
Entière et bien ronde
En regardant tomber la pluie
Immobile
Quel ennui
Que vienne la nuit
Maman !

Et les mots se bousculent
Les phrases s'entrecroisent
Les conjonctions ne se coordonnent plus
Les verbes ne s'accordent plus
Les adjectifs ne qualifient plus rien
Ne démontrent plus rien
N'interrogent personne
Et surtout ne s'exclament même plus…
Aucune surprise
Aucun étonnement
Les accents se font virer
Francophonîquement les rattrape
Loué soit Müan M'Kayi

Quant aux trois points de suspension
…
Pendus
Et suspendus
Immobiles
Muets
Le vide

Quelle vie
Je t'envie…
Moi ?
Oui, toi…
Enfin je crois…

Mais où et donc or ni car soit ?

Quelle vie de…
Et cette envie de…
Quel cauchemar
Maman !

Quel ennui
Que vienne la nuit

Et que je m'endorme dans l'oubli…
Immobile…
Somnambule

Quand je suis ainsi, personne ne peut me secouer.
Même pas celui qui fait trembler les montagnes
Qui fait jaillir les volcans
Qui fait lever les eaux
Qui fait pousser du diamant sur ma tête
Même pas le tableau noir.
Rien
Et personne ne me bougera.
Immobile.
Et même si on venait me raconter une histoire
Plus belle que la chèvre Blanquette
Je ne clignerais pas d'un œil
Je ne bougerais pas d'un pouce
Je veux bien les lire moi-même ces histoires.
Toutes.
Connaître enfin moi-même qui est le loup
Qui est la chevrette
Qui est M. Seguin ?
Sinon…
Immobile

– Ah c'est quelque chose !
– Quoi ?

– Moi. Personne ne me dit quoi faire.
– Fais n'importe quoi, dis-tu
– Quoi
– Je ne sais pas moi, mais en tout cas quelque chose,
insistes-tu
– Mais quoi donc ?

Bon sang tu ne sais pas.
Maintenant toi aussi tu te tais.
Eh oui !
C'est ça les bons diseurs
Ça fait toujours de bons bavards
De bons criards
Pas de bons conseillers
Pas de bons guides
Opposants sans sagesse
Toujours prêts à manipuler la jeunesse

Éloquence stérile
Immobile

Je n'arrive pas à m'expliquer.
Saurai-je rire pleurer et respirer en français ?
Qui me l'apprendra ?
On n'apprend pas aux gens à pleurer.

Donc foutu mon destin ?

Pensées pessimistes !
Et quand je commence, je ne sais comment m'arrêter.
Qu'est-ce qu'il faut faire pour effacer une mauvaise vision ?
Jouer, sauter, crier, rire et pleurer comme un enfant ?
Et après ?
Quand je serai devenu grand
Comment ferai-je pour m'ôter d'une hallucination ?
Que faire pour écarter cette vilaine pensée qui s'accroche
derrière moi,

Dans ma nuque ?

Somnambule
Le vide

Devant moi une femme enceinte rit aux éclats.
Quand le ciel pleure
Il reste toujours des rayons de soleil au-dessus des nuages.
Unc tempête éclate.
Une femme s'éclate.
Je me joins à elles
Et nous nous éclatons tous
Pour attendre le beau temps d'après la pluie.
Rien n'est perdu.
Comme au temps du deuxième conflit mondial !
Après la guerre la France avait tout perdu
Ses citoyens avaient retrouvé Paris
Mais ils n'avaient plus rien.
Pas d'argent.
Et grâce à leur langue qui leur restait
Ils trouvèrent la force de la chanter
En marchant sur tout le territoire :

Marchons, marchons !

Ils retrouvèrent Paris, la Tour Eiffel
Leur sourire
Et d'un pas positif
Ils allèrent à la rencontre de leur destin
De leur culture
Ces enfants de la patrie
Clamèrent très haut
D'une seule voix
D'une seule langue

Un jour de gloire est arrivé

L'indépendance francophone

Très peu de temps après les disparus du fleuve Kouilou,
Juste très peu de temps après
En l'an mille neuf cent soixante
Ma sœur Futu naît

Et juste après sa naissance
Tout de suite après
Muvungu la regarde et pousse son premier son.
Il choisit la troisième voyelle française pour exprimer sa joie
Sa surprise et sa francophonie

O !
Enroulé

Devant cette enfant qui vient de naître
En poussant son vagissement
Son premier souffle
Sa première lettre qui invoque
Et l'amour
Et l'argent
Aaaaaaaah !
Muvungu, à son tour, lui souhaite la bienvenue au monde
des adultes en lançant :

– O !
Étonné…

Avec un petit sourire malin
Et de petits yeux malicieux

O !
Enjoué

Mon père surpris le prend dans ses bras

Content que son premier ait une voix.
Enfin
Acclamons pour ce miracle

Ma mère me sourit puis se concentre sur Futu
Peut-être à la recherche d'un nouveau dialogue
D'une nouvelle connexion
D'une meilleure communication.
D'un son.
J'ai grandi.
Elle me laissait aller
Moi
Son précieux bijou.
Aller bon mon chemin.
Gare au loup

« Pleure ?
Ne pleure pas
 Èèèèèeèh` !
Eh bien pleure
Le sang ne coulera pas
Eeeeuuuuuuh !

Enfant ne pleure pas
Aa aa aa aa
Non, ne pleure pas mon enfant
An an an an
Un jour je t'emmènerai
Ai ai ai ai
Au village des merveilles
Ei ei ei eiiii ei ei »

Douces voyelles françaises
Bonnes mamans berceuses
Bienvenues au monde de l'enfance
Bienvenues au village de l'innocence

Dehors c'est l'euphorie !
On fête un autre événement.
Ma sœur en naissant a apporté avec elle
La liberté
L'indépendance.
La face brillante du soleil nous sourit
Et ses rayons murmurent son hymne dans nos cœurs :

En ce jour le soleil se lève
Et notre Congo resplendit
Une longue nuit s'achève
Un grand bonheur a surgit
Chantons tous avec ivresse
Le chant de la liberté...

Mon père la fredonne au bout des lèvres :

Congolais debout
Vaillamment partout
Proclamons l'union
De notre nation

Il pose Muvungu par terre qui, lui, ne s'est pas arrêté de
s'exercer sur sa voyelle de peur de l'oublier.

Excité.
O !

Débordant de joie, mon père soulève Futu de ses deux mains :
Bébééééé ! soupire-t-il.
Celle-ci pisse sur lui
Chaudes émotions
Ma mère crie uuuuh
Moqueuse
Je m'éclate aaaah
Rieur

169

Muvungu moqueur oooooh
Mon père dégoûté lance iiiiiiiih
Et remet Futu à sa mère qui, contente du voyage gratuit
aller-retour de la Maman au Papa, de Papa à Maman raconte
à mère toute la scène avec des voyelles francophones en
pointant son petit index sur l'auteur de chaque voyelle :
Iiiiih !
Uuuuh !
Ooooh !
Aaaah !
Bébééééé ! elle pointe alors son doigt sur elle-même.
Comique.

Ces voyelles, quand elles nous prennent !
Ces sons qui nous entraînent !
Sont une musique somptueuse
Qui se joue aux heures des berceuses joyeuses !

Le français trouve sa place dans mon cœur.
À cette époque nous avançons déjà bien dans la francophonie
Même notre hymne national n'est pas en langue locale
Il est dans la langue de Chateaubriand :

Oublions ce qui nous divise
Soyons tous unis à jamais
Vivons pour notre devise
Unité
Travail
Progrès

Et tout…
N'est pas que folie.

À cette époque l'enfant est le fruit d'un amour
Et bien que le parent possède le sens de l'humour,
L'enfant, lui, est un bien précieux
Qu'il élève avec beaucoup de sérieux
Dans la langue de Sartre
Langue dans laquelle se chante
Et la Congolaise
Et la Marseillaise.

Le discours francophone du ministre français

Répétons-le pour que tu comprennes :
Mille neuf cent soixante est l'année de l'indépendance.
Le Congo est libre.
La France se déresponsabilise.
Nous sommes libres de faire toutes les conneries
D'être fidèles à Castro
Et castristes comme lui
Léninistes et marxiste comme Vladimir llitch Oulianov
D'embrasser toutes les chinoiseries
Toutes les ruses russes
Et sans oublier tous les comiques de l'Amérique.
La pauvre Blanquette est exposée au danger.
La France quitte le Congo, certes
La langue française reste.
Et quelques Français aussi…
Bien sûr !
Et Popol
Ceux qui restent, restent !
Afin de veiller sur la langue
Et sur quelques autres intérêts francophones.

C'est du moins ce que nous comprenons ce jour-là
Dans le discours d'André Malraux
Ministre français des affaires étrangères
Venu à la place de son président :
Le général de Gaulle.
Il dit :

« *Voici donc l'un des plus grands jours*
Qu'ait connu votre histoire
Un jour d'autant plus émouvant pour nous
Que le destin de l'Afrique équatoriale d'hier
Et celui de la France libre
Se sont accomplis côte à côte.

Brazzaville, vous a dit le Général de Gaulle
Fut un des hauts lieux de la France combattante. »

Mamalie pousse une quinte de toux
Ma sœur Futu vient juste de naître.
Mon frère Muvungu vient de parler
À l'instant même.

L'envoyé de De Gaulle continue dans notre langue
francophone
    Qui est peut-être sa langue maternelle, paternelle ou nationale
    Et qu'il maîtrise parfaitement bien
    Quelle éloquence !

« Le général de Gaulle a fait notre histoire commune
    C'est bien en ce jour d'indépendance que nous devons
crier qu'ici
    Elle n'a jamais été une autre histoire que celle de la
fraternité...»

J'ajoute :
Francophone
Qu'il a dû oublier dans l'émotion.
Donc…
    ...elle n'a jamais été une autre histoire que celle de la
fraternité francophone.

« Le général de Gaulle est venu à Brazzaville
    Pour y proclamer une chartre des droits des peuples
africains
    Il y est revenu pour y proposer la communauté...»

J'ajoute :
Francophone
Qu'il a encore dû oublier à cause de la séparation
De l'émotion

De la tristesse
De la nostalgie qui déjà
Lui broient les…les boyaux ;
Les Congolais vont lui manquer.
Et surtout
Popol
Pauvre singe !
Il ne sait pas quoi faire
Perché sur l'arbre il boude tristement.

Finis pour lui ces morceaux de viande
'uits à point dont il raffole
'omme un bon carnivore qui se respecte.
On entend l'aboiement du chien francophone :

- Toi, vieux singe, va vers tes semblables, allez, retour au
bercail
Quitte la cour des rois, celles des humains et de leur volaille

Il continue de bouder Popol…Quel triste sort !
Ignorons-le à notre tour
Revenons sur Malraux et son joli discours :

Précisons donc que le général y est revenu pour proposer
une communauté… francophone.

« *Et j'y suis aujourd'hui en son nom pour y fêter
l'indépendance…* »
Francophone.
Appelons un chat un chat : nul n'est besoin de souligner en
rouge ici que c'est une indépendance francophone. Cette
colonisation a fait couler beaucoup d'encre et de sang et s'il
n'y avait pas des mots, des mots doux de la langue française,
nous en serions encore sous le joug colonial. Malraux
semble l'ignorer.
Il continue :

174

« Pour vous
Pour nous
Pour le monde
Ce matin historique couronne nos rendez-vous de
L'espoir et de
La liberté. »

...Francophones...

Encore une fois cet espoir et cette liberté sont avant tout
francophones
Il aurait terminé son discours par :

Alors francophonisons tous ensemble !

Aux mots :
Espoir et liberté
Mon père joint ses deux mains pour applaudir.
D'autres mains suivent :
Celles de ma mère, de mon frère et de ma sœur.
Ils francophonisent chaleureusement avec André Malraux
et tous les Français et sans bien sûr oublier tous les
francophones d'Afrique. Les miennes restent moites et
collées. Je me demande bien ce que deviendra la langue
française au Congo après que ceux qui la maîtrisent déjà
mieux que nous soient partis. Pour une fois Popol se lie à
moi. Il n'applaudit pas non plus. Il a bien peur de son avenir
lui aussi ; je le comprends, le pauvre : comment vivre sans
son maître ? Pour une fois, nous sommes de la même race.

Dans quel piège allons-nous tomber ?
Quelle langue allait-on nous imposer ?
Et le singe
A-t-on pensé au singe
Que mangera-t-il désormais ?

Quant à Malraux, cela ne lui dit rien. Seul son discours a de la valeur à ses yeux :

« Vous voici donc en face du problème millénaire
Que pose l'histoire
À ceux qui reçoivent le triste et fier honneur de la faire.
Nous voici en face de l'indépendance.
J'ai connu de grandes heures de la joie africaine
L'anniversaire de vos républiques dans l'exaltation
Et dans les danses, avec l'enthousiasme saccadé des tam-tams

« ... africains ? »

B e chute Malraux, allez, dites-le donc André, danses et tam-tams *indigènes*, avouez-le, ne vous gênez pas ; complétez « *sauvages* »
Le tamtam traduit notre Africanité et nous en sommes fiers
Eh oui ! C'est la seule langue africaine que nous n'oublierons jamais.

De loin on entend quelques roulements de tambours
Suivis des cris de joie de femmes enthousiastes.

« *Lipanda, lipanda,* » crie-t-on.

Et voilà, ne l'ai-je pas dit ?
Le mot indépendance est déjà à son tour colonisé par la langue nationale.
La lingalaphonie allait-elle marcher sur la francophonie ?
Qui nous écoutera ?
Déjà le souvenir que le ministre français garde de nous est le bruit assourdissant de nos tam-tams.
Nous prendrait-on au sérieux quand nous nous présenterons à la cour internationale ? Comprendront-ils la langue ancestrale ?
Pauvre Blanquette, tes petites cornes ne feront même pas peur à une mouche !

Adieu francophonie, dis-je.
De Matsoua
De Jean Félix Tchicaya
De Makoko
Ou de Maloango
Ce qu'on retient de toi c'est
Le Noir qui ne sait que
Danser
Chanter
Rire
Se plaindre
Et pleurer.

Adieu francophonie !
Porte ouverte à toutes les chinoiseries !
À toutes les ruses !
À tous les comiques !
Adieu francophonie,
Adieu !
Indépendance, oyez !
Vive la liberté !
Gardons l'espoir

L'héritage francophone

Bien vois-tu, je me suis planté.
Grosse erreur.
On se trompe tous n'est-ce pas ?
Surtout au sujet de la France.
Eh bien !
Je me suis trompé.

L discours d'André Malraux me va tout de même droit au
cœ
C   ur-là je retiens un mot
Ou   utôt j'en apprends un autre :
Es   .r.
C'e   le premier mot que je regarde dans le dictionnaire
dès que j'ai mon alphabet dans la tête
Et que je sais lire :
Espoir !
Espérer !
Et toute ma vie
Je caresse l'espoir de lire
D'écrire,
De parler correctement français et surtout
De comprendre la comédie humaine de Balzac.

À quoi joue-t-on ?

Je comprends que la France
En nous rendant notre liberté
Nous donne aussi sa langue
Qui délie nos langues
Et fait de nous frères et égaux de ses enfants.

Mais pourquoi ?

Dès cet instant je sais que la langue d'Alexandre Dumas
Est pour moi la langue de la Liberté, de l'Égalité et de la Fraternité
La langue de l'Unité, du Travail et du Progrès
La langue de l'expression.
Et pourquoi celle-là mais pas une autre ?

Eh bien voilà
Je vais te le dire
Lorsque la chèvre indépendante voit le soleil se lever
Et son territoire resplendir
Elle ne sait pas encore qu'une longue nuit commence
Que le méchant loup est là dans son propre territoire
Dans sa propre case
Qu'il rôde
Que ses cornes ne serviront à rien
Que le soleil qu'il voit se lever
N'est qu'un soleil en train de se coucher
Et que le français est pour lui
Le seul avocat qui l'aidera à revendiquer ses droits
C'est sa seule arme de défense
Et la seule langue qui permettra à sa voix
De crier : « au secours ! »
Pour que la cour mondiale l'entende
Le comprenne et vienne à son aide
Voilà pourquoi.

Et c'est dans la même langue que Muän mâ M'kayi s'écrie
Lorsque arrive honteusement la trahison par les siens :

« Ces intellectuels, ces illuminés, doigts de notre main[19]
Que nous vénérions hier encore
Seuls espoirs sauveurs de nos lendemains
Nous les avions loués à tort

---

[19] Œuvres humaines du même auteur aux Éditions Dédicaces

Ces dictateurs mendiants et stupides
Se divisent chaque jour en partis politiques
Pour vivre âmes cupides
Comme des alcooliques
Ballottés à gauche à droite par des maîtres
Qui n'ont fait que changer de costumes :
Esclavagistes, missionnaires, colonisateurs, traîtres
Mon Dieu, nos leaders n'ont qu'à reprendre nos coutumes
Car le séjour d'un tronc d'arbre
Dans l'eau dit-on
Ne transforme même pas l'arbre à palabre
En crocodile, voyons »

C'est pourquoi lorsque les Français nous donnent la liberté
Ils nous donnent aussi l'école St Jean Baptiste
Le collège Monseigneur Carrie
Le lycée Victor Augagneur et le centre culturel français
Afin qu'on se dépouille de notre obscurantisme
Qu'on cherche l'information et la lumière.
Qu'on s'éloigne de l'ignorance.
Ils savent qu'on en a besoin.
Certains de nos instituteurs
Et de nos politiciens francoviliphones
Sont sortis de ces établissements-là.
Ils racontent qu'à leur époque
Il y a même des prêtres français qui viennent les enseigner.
Ils utilisent l'encre noire, la plume, le buvard et le cahier à
double ligne.
À leur époque
Il faut soigner son écriture
Et surtout
Gare à la tache noire sur la page blanche.
Sinon
Allez, là-bas, au petit coin

À notre époque
C'est « aïe ! »
Un coup de bâton sur les doigts
Comme le malheureux Itoua

Nos aînés, eux, ont aussi les cours de dessin et de peinture.
La scolarité est à la portée de tous.
On leur distribue tout gratuitement : fournitures scolaires,
déjeuner, repas
Et même la langue française et un livre de lecture :
Le petit syllabaire ou encore Mamadou et Bineta.

Chaque matin ils s'alignent devant la porte de la classe et
reçoivent l'ordre d'y entrer un à un sans se bousculer. Une
fois à l'intérieur, ils s'asseyent en silence sur leurs tables-
bancs et attendent l'enseignant. Quand ce dernier rentre, ils
se lèvent tous poliment pour le saluer :

Bonjouuuuuur Mooooonsieur !

Et lui, murmure fièrement un bonjour sec et autoritaire.
Après avoir reçu son salut, il leur ordonne de réciter le
Notre Père à qui ils demandent leur *pain quotidien* ; ensuite
ils saluent *Marie, mère de Dieu* – tout en ignorant Joseph –
et ils la supplient en chuchotant : *Sainte Marie priez pour
nous, pauvres pécheurs.* Ainsi commence leur matinée
scolaire et francophone.
La plus part des jeunes viliphones sont devenus
francophones, grâce à ces établissements laissés par les
Français pour notre éducation. Nous sommes nombreux à
les avoir fréquenté mais au moment où nous arrivons à St
Jean Baptiste beaucoup de choses ont changé. Nous arrivons
après les indépendances. On ne dépend plus de personne.
Surtout plus des Français. Ils sont partis. Tous, en
abandonnant Popol seul dans la forêt du Mayombe. Nous
dépendons donc de nos *propres* parents. De nos *pauvres et*

propres parents. Rien n'est gratuit. Il faut tout payer :
l'école, le collège, le lycée, la craie, l'ardoise, la table-banc,
le tableau noir et même le français.

Surtout le français.

L'hymne national a remplacé la prière.

Heureusement qu'ils n'ont pas remplacé la langue française.

Intouchable et immortelle

Elle vit de génération en génération.

Elle se transmet de l'un à l'autre.

Elle va d'une bouche à l'autre.

D'une oreille à l'autre

D'une famille à l'autre.

Invulnérable.

Inchangeable

Vivante

Elle suit son cours sans s'arrêter

Comme le fleuve

Comme le temps

Jusqu'aux confins de la terre

Jusqu'au-delà de la vie

Et jusqu'au-delà de *l'après-vie*

Le discours francophone du président congolais

Le premier président élu juste après l'indépendance voulut lui aussi conserver notre chère francophonie. Malheureusement, on le poussa à l'exil – trop tôt – comme bébé Jésus et ses parents, peut-être à cause de sa soutane lui aussi.

– Pas de chinoiseries, dit-il six ans après l'indépendance, dans la langue française, seul héritage que nous ont légué nos parents, seule arme pour nous défendre, affirmer nos droits et notre avenir.
Il nous mit en garde en écrivant :

« Moi, abbé Fulbert Youlou
Représentant légal élu de mon peuple
Je supplie les hommes de bonne volonté de me lire.
Souvent les hommes d'état rédigent leurs mémoires en perdant la leur...
Que l'on se rassure
Ce que j'ai à dire ne constitue pas un secret d'État
Mais simplement un avertissement
Écrit avec le sang des miens, pour éviter d'autres massacres
Et si le nom et l'habit que je porte
Peuvent aider à la propagation de la vérité
Mon épreuve n'aura pas été inutile.
Ce qui est grave dans la situation que je vais dénoncer
C'est que dans notre lutte passée pour l'indépendance
Le monde entier faisait écho à nos aspirations
Dépassant parfois nos désirs alors qu'aujourd'hui
L'Afrique africaine se retrouve seule
Devant la menace raciste d'un déferlement asiatique déjà commencé.
J'accuse la Chine
D'être partout où le Monde libre la tolère
Avec ses diplomates
Ses attachés commerciaux

Intellectuels ou militaires
À la base d'une machination qui use de toutes les
situations particulières
En dehors d'une unité de doctrine qu'elle a abandonnée
Pour mieux parvenir à ses fins
Et rabattre à n'importe quel prix le gibier humain.
Aux Arabes on promet l'écrasement d'Israël
Aux Pakistanais celui de l'Inde
Mais toute cette exploitation scientifique des ressentiments
in   ictifs a un même but : le chaos.
*   ~haos qui mêle les idéologies généreuses*
*   instincts primitifs*
*   sorcelleries ancestrales*
*   ulevant bouddhistes contre chrétiens*
Blancs contre Noirs
Tribus contre tribus
Politiciens contre politiciens.
En ouvrant ce dossier bien sûr incomplet de la pénétration
chinoise en Afrique
J'ai le sentiment d'engager une bataille où j'ai pris mes
responsabilités
Conscient du risque mortel que je prends en respectant
dans l'exil
La confiance que le peuple congolais a mise en son chef.
Il y a dans le monde du XXe siècle, pour le malheur de
l'humanité
Une idéologie destructrice – je cite Mao Tsé-Toung –
À sacrifier la moitié de l'humanité pour assurer le
triomphe du léninisme.
Pour ma part
Je ne composerai jamais avec les propagateurs de telles
théories
Africains
Je sais, par le malheur dans lequel est tombé mon peuple,
que c'est le continent noir

Qui a été choisi par la puissance chinoise pour faire basculer le monde. »

Certes, le Congo n'était pas prêt pour une chinoisopholie. Nous étions francophones et nous en étions fiers.

« Les pays n'ont pas d'amis, ils n'ont que des intérêts ! » avait dit le général De Gaule

Et que dire de la mise en garde du père Pierre et de M. Seguin :

« Gare au méchant loup !
Ne te détache pas de la langue française »

Alors nous sommes francophones à vie
Et nous entendons bien le rester.
Francophonîquement, nous porterons très haut notre chapeau et notre accent de la francophonie.

La conférence congolo-francophone

Ai-je vieilli ou bien le monde a évolué sans moi ?
Ai-je grandi trop vite
Ou bien sont-ce mes semblables qui n'ont pas su garder
leur jeunesse ?
Quand ai-je grandi ?
Je ne me suis pas rendu compte
Le temps a juste filé d'un trait
S   moi
I   eu les naissances de mes frères et sœurs
I   s nièces et neveux
D   es enfants et petits-enfants
C   aissances me signalaient le temps qui passait
Mais je ne m'en apercevais pas
L'eau du fleuve coulait
Les minutes du temps défilaient devant moi
Sans s'arrêter
Sans crier gare

J'ai aperçu les corbeaux danser dans les airs
J'ai vu les aigles prendre un bain d'air
J'ai entendu de loin les chouettes ululer
Et des abeilles murmurer autour de leur ruche
M'annonçant successivement de joyeuses nouvelles :
La naissance de ma nièce Chimène li Futu Tati M'kossu
Et de mauvaises :
Le départ de mon arrière-grand-mère
Et de ses filles ;
De son fils et de son petit-fils qui,
Bercés par la mort, allèrent tous se reposer tranquillement
Là-bas…

J'ai vu mes présidents être acclamés
Critiqués
Trahis

186

Torturés

Humiliés

Emprisonnés

Et même assassinés après que nous les avons nous-mêmes votés :

L'abbé, repoussé par ses frères à cause de son français charismatique s'est exilé et ses partisans ont préféré embrasser les idées et le français économiques d'un économiste. Celui-ci a été entraîné dans un long débat où il a essayé de se débattre mais plus il se débattait plus il s'enfonçait ; et puis, sa philosophie n'a pas convaincu le capitaine et fondateur du parti congolais du travail qui, grâce à son français ethnique et idéologique, a conquis les foules mais, malheureusement, a vite été trahi à son tour par les membres de son parti et de sa tribu. Et là le peuple congolais a soutenu le Comité militaire du parti et a élevé haut son général, qui a transformé toutes les cases en *maisons blanches*. Mais lorsqu'il lui a ordonné dans son français domestique et diplomatique de « *vivre durement aujourd'hui pour mieux vivre demain* » et lui a imposé « *sept heures de travail et non sept heures au travail* », le peuple a reconnu en lui le colon occidental, alors, il a baissé ses bras et le général est tombé très bas

Plus bas qu'un simple soldat.

Nostalgique, le peuple a fait reconduire en 1979 le parti congolais du travail qui est revenu en force avec son colonel, *l'homme du 5 février* qui, lui, a demandé aux congolais dans un français aristocratique, un peu de patience.

Le peuple congolais a attendu.

Fidèle et patient comme un enfant de chœur.

Tout allait bien pour cet *homme du 5 février* baptisé *l'homme des masses,* jusqu'au jour où arriva un professeur ambitieux qui souleva ces masses dans un français agronomique et promit de transformer le Congo en une petite Suisse. La population lui accorda cinq ans mais, comme le chocolat ne tombait toujours pas des manguiers, des cocotiers et des avocatiers congolais, les habitants s'entretuèrent dans leurs propres dialectes. Il y eut de longues luttes intestines pour faire revenir l'homme des masses devenu *l'homme des actions concrètes* et qui, par ses actions aussi discrètes que secrètes, se fait appeler le « Bâtisseur » et qui règne encore à cet instant même où j'écris ce « mot ».

Il ne sera peut-être plus là dans quelques secondes
Car tout passe
Ou dans quelques heures
Tout passe si vite qu'on ne s'en rend même pas compte
Ou bien il sera encore là – qui sait – dans quelques jours, à la tête
Empereur et président
Tout est possible
Ou dans quelques semaines, dans quelques mois
Car le temps passe et on ne l'arrête pas
Ou dans quelques années
Peut-être partira-t-il avant même les élections prochaines
Ou tout de suite après les élections s'il le veut bien sinon…
Il y restera encore un rien de temps juste pour assurer la paix de son peuple
Et on ne se rendra même pas compte que le temps a vite filé
Que le fleuve coule toujours
Et que lui…
Eh bien… est toujours là
Soutenu par :
Une moitié de la population
Sa tribu
Quelques voisins
Quelques beaux-frères
Quelques jeunes
Sans oublier quelques puissances étrangères

Qui, elles, sont toujours là
Omniprésentes
Pour apaiser les tensions
Et rappeler aux dictateurs et aux opposants
Dans un français France-Afrique
À se comporter comme des humains
De vrais humains
Pour que chacun ait sa part du gâteau

Et lui, le bâtisseur heureux, sourit
Lève la main
Pour poser une brique
Pour construire une route
Un pont
Un chemin de fer
Un aéroport
Vers l'avenir
Debout et somnolent
Vieux et vivant
Emmailloté d'injures et de critiques
Sage et philosophe
Misérable
S'alliant au diable
Défiant les dieux et les ancêtres
La mort et les hommes
Ne comprenant rien de la jeunesse
Et du monde moderne
De la langue française
Et du rôle de la francophonie
Du devoir de tout francophone
Et surtout de tout congolophone
Ignorant qu'il est difficile de défendre l'indéfendable
Dans une langue aussi claire
Aussi pure
Aussi simple
Qu'est le français

Langue comprise par tous ces jeunes au chômage
Qui ne demandent qu'une grâce :
De grâce pitié, agissez pour les intérêts de vos enfants

Mais le bâtisseur, caricaturé par la politique
Balaie d'une main le moustique de l'oreille gauche
Et d'un revers le moustique de l'oreille droite
Il ne s'élève pas il abaisse
Il ne divise pas il règne
Il se tient droit devant tous ceux qui ont leurs droits
Il se glisse dans la peau de tous ceux qui rampent
Les obligeant à arrêter le soleil, la lune, les saisons, et voire
Le fleuve Congo qu'il regarde avec indifférence

Ignorant que le fleuve, c'est aussi le temps.
C'est aussi le peuple. Et c'est aussi la jeunesse.
On n'arrête pas le temps
Il passe
Tout s'arrête, tout :
Les êtres, les choses, les animaux, les époques
Les aiguilles d'une montre
Les âges, le pouvoir, le règne
Tout
Sauf le temps
Et quand bien même *l'homme des actions concrètes* serait
encore là
Au moment même où j'écris encore ce « mot »
À ce juste instant où le fleuve Congo coule toujours
Et emporte avec lui le temps qui passe
Et qui ne s'arrête pas
À cette seconde même où *l'homme des masses*
Jurant sur tous les bébés nés sous le *parti congolais des travailleurs*
S'efforce tant bien que mal à les emmener vers le chemin
d'un bel avenir

190

Alors que malheureusement ils foulent le sable chaud du désert
– Génération sacrifiée –
Pendant que le temps passe
Et que le fleuve coule
Et que le peuple écoute
Par respect…
Eh bien
Il passera lui aussi, après avoir dit son dernier mot
Je te le dis, crois-moi,
Il sera cendre et poussière et seuls resteront
Le temps, le fleuve et notre langue francophone
Qu'il utilise pour transmettre une philosophie intéressante :
Pouriennutile !
Comme dirait mon père,
Et que la jeunesse emploie à son tour
Pour lui transmettre sa pensée juvénile
Et que Mâ m'kayi utilise, elle aussi
Pour lui glisser son invitation maternelle
Avant qu'il ne soit trop tard :

« Fils, viens vivre avec nous ce jour
Et nous vivrons pour toujours »

Un jour ou l'autre
Ma parole
Le fleuve Congo
Dans son français ensanglanté
Racontera aux futures générations tout ce qui s'est passé
De l'indépendance à nos jours.
Il tiendra lui aussi à son tour
Sa conférence nationale.
Il demandera à tous
D'aller s'humilier devant lui
En lavant leurs mains dans son eau
Qui porte encore le sang de ses enfants.

Ce jour-là
Tous sans exception descendront vers le fleuve
Et entendront des voix francophones sortir des eaux
Et leur dire dans un français évangélique :

« Que celui ou celle qui n'a jamais craché sur moi,
Me jette sa première pollution ! »

Des deux côtés du fleuve, ils se boucheront les oreilles
Mais la langue française leur entrera dans tous les orifices
Pour clamer haut son innocence
Elle dira j'en suis sûr
Sans mâcher les mots
Sans mordre sa langue
Elle confessera que les ordres d'exécution qu'elle recevait,
Provenaient bien de leurs gueules de bois
Prononcées par leurs langues
Fourchues
Qui se tiennent bien cachées dans leurs bouches,
Pas d'elle.
Langue fourchue point de pitié.
Langue de bois bien pendue.
Langue de vipère
Empoisonnée

Devant les Hommes
La langue française avouera que
Depuis l'esclavage jusqu'à la dictature
Elle n'a été qu'une langue utilisée par tous
Pour communiquer
Pas plus.
Chaque personne a utilisé sa propre langue
Fourchue
Ou de bois
Cet organe humide
Infidèle

Et versatile
Pour donner des ordres dans « ma » langue, continuera-t-elle.
Comme le fleuve,
Moi, la langue française,
Je suis innocente.
J'aime tout le monde
Et vivre avec moi, c'est vivre pour toujours.
Elle dira enfin :
Je n'ai jamais été opposant, j'ai été Lumumba
Je n'ai jamais été dictateur, j'ai été Sankara
Je n'ai jamais été raciste, j'ai été Mandela

Devant la Cour des Nations Unies d'Afrique elle se
défendra seule.
Sans avocat
Elle plaidera
Non coupable.
Seul témoin :
Le conteur sorti des eaux du fleuve Kouilou

Nationalité francophone

Pendant que tout cela se passe
Et que le temps passe
Et que le fleuve
Témoin oculaire coule
Et que le peuple
Docile, écoute
Sans bouger
Sans manger
Sans boire
Sans croire
Mais en pleine grève
De la faim et de la soif
Jeûne
Rêve
Et crève
Parce qu'il ne veut que voir couler l'eau du fleuve dans son lit
Et non son propre sang dans l'eau de son fleuve
La langue française se fond en moi
Se vit en moi
Existe en moi.
J'existe en elle.
Nous existons pour donner vie à la francophonie.
La vie francophonîque parle, rit, pleure, court, joue.
Elle a des émotions
Elle touche l'espace vide et le remplit de sa présence.
Elle coule en moi.
Elle coule dans mon fleuve
Et va avec moi à travers le monde : libres !
Elle et moi
La liberté de vivre
Et de rire
D'exister
Et de respirer
La liberté d'expression qui est l'art même de mon organe :

Cette langue qui, elle, se baigne dans la mare de mes expressions

Exprimées par la belle langue vivante, le français, que toi et moi avons en commun

Et qui est la preuve vitale de mon appartenance à la francophonie.

Ces expressions forment ma parole qui

Sortie de ma bouche va s'épanouir à travers le monde.

Comme moi cette langue existe,

Elle vit avec moi pour toujours

Elle n'est ni biblique ni coranique

Elle est universellement francophonique

Elle salue un homme

Elle embrasse une femme

Elle élève un enfant

Ni terroriste

Ni raciste

Francophoniste

Elle sort de la bouche de tout le monde

Elle ouvre mon cœur et s'y installe pour toujours

Elle illumine mon âme

Elle m'envahit

Elle me fait rire aux éclats

Elle veut toujours avoir de mes nouvelles

Elle s'intéresse à moi

À mon existence

À mon épanouissement

– Comment vas-tu ?

Je réponds

– Je vais très, très bien, merci

Elle se réjouit de ma bonne santé

Elle est toute clarté

Toute beauté

Et moi, je resplendis

Tranquille comme le mot

La beauté de la vie est dans l'éclat de son rire franc et pur.
Cet éclat est enfoui dans la franchise et dans la pureté de
sa diversité.
De son innocence
Universelle, elle m'aide à penser.
Grâce à elle je ne peux m'empêcher de penser.
Elle et moi existons pour penser
Et lorsque nous avons trouvé ensemble une pensée bienfaitrice
Pour l'humanité
Alors nous vivons nuit et jour pour que cette pensée se
concrétise
Francophonîquement

Penser en français n'est jamais ennuyeux.
Il y a dans chacune de mes pensées du style
Du charme
Du goût.
Mon art et mon accent constituent ma francophonie :
De la haute francophonie pareille à la haute couture
À la bonne cuisine
À la grande élégance et qui n'arrête pas de s'élever
Qui atteint tous les hauts sommets du monde
Une fois perchée là-haut
Elle éclaire les endroits les plus profonds et les plus
obscurs de la terre
Qui attendent encore de respirer cette haute francophonie.
Elle envoie ses expressions
Ses émotions
Ses méditations
Ses réflexions
Ses rêves et ses vœux les plus chers
En une seule parole qui est à la fois
Une invitation
Une promesse

Viens vivre avec moi ce jour
Et tu vivras pour toujours
Tout en t'imprégnant de ma haute culture
Et en te nourrissant de ma haute francophonie

Les quatre vents inscrivent ces onze mots
Sur les murs de tous les continents
On les lit sur tous les cieux étoilés

Viens vivre avec moi ce jour
Et nous vivrons pour toujours

Et ils deviennent

« Francophonîquement mondiaux ou
Mondialement francophonîques ».

Viens vivre avec moi ce jour
Et nous vivrons pour toujours
Un refrain qui revient toujours
Un refrain qui nous invite à l'amour

Un cœur pur et sensible d'enfant s'ouvre pour recevoir.
L'amour universel y habite.
La haine n'y a plus accès.
Finis les clans, les tribus, les tabous.
La francophonie s'ouvre à tous
Sans discrimination
De race
De sexe
De religion.
Elle s'ouvre à tous les continents :

– Nom et Prénom :
– Michaëlle Jean
– Nationalité

- Francophone
- Pays d'origine :
- Haïti
- Pays d'adoption
- Canada (Québec)

Au suivant

- Nom et Prénom :
- Abdou Diouf
- Nationalité :
- Francophone
- Pays d'origine :
- Sénégal
- Pays d'adoption
- France

Suivant

- Nom et Prénom :
- Hun'tchimbukune Buendi Koku
- Nationalité :
- Francophone
- Pays d'origine :
- Congo Brazzaville
- Pays d'adoption
- Canada (Colombie britannique)

Vive la francophonie !

IV

Langue familiale

Vive la francophonie !

Vive la francophonie !
Je l'ai déjà entendu une fois de la bouche d'une femme.

« Vive la francophonie ! » a dit ma mère 15 ans après ma naissance lorsque son frère Paulin, surpris, l'a entendue parler français :

– Mamalie aussi parle français ?
– Oui, a-t-elle répondu à la française, nous parlons tous français ici, même ton beau-frère.
Paulin a regardé mon père avec de gros yeux interrogateurs :
– Bien sûr, a répondu fièrement Zèzèffu, et ceci grâce à notre fils Hun'tchimbukune.
– Oui, grâce à lui et nous lui sommes reconnaissants, renchérit ma mère
Puisse Dieu le bénir !
Quelle belle langue que la langue française, s'exclame-t-elle
Elle se chante seule dans ma bouche
Elle danse sur le palais de ma langue.
Je la chante en silence
Je suis sa cadence
Et je m'élance
Comme un tango
Une valse
Une salsa
Ou mieux : comme la rumba congolaise
Moi danseuse de français
Je danse sur le mot
Sur la phrase
Et même sur sa ponctuation
La langue française est ma danse
Et j'ai de la chance
De la danser chaque jour

Pour toujours

Merci mon fils, termine-t-elle, puis elle s'approche de moi et pose un baiser sur mon front en murmurant :

– Je t'aime, mon fils

– Je t'aime aussi, Maman

Et ensemble nous soufflons sur cette même flamme qui commence à nous éclairer :

– Vive la francophonie !

Ce jour-là, je suis trop content. C'est le plus beau jour de ma vie. Pour fêter ça, j'offre à mes parents des noms français. Je les baptise au nom de la Liberté, de l'Égalité et de la Fraternité. J'ai devant moi le célèbre magazine *Salut les copains* où on étale la vie de toutes les vedettes françaises. Les chanteurs Johnny Hallyday et Sylvie Vartan sont à la une. Ils posent sur les couvertures de tous les magazines français. À la radio, on n'entend qu'eux. Leurs voix font élever sur les ondes des mots et des paroles d'amour :

J'ai un problème
Je sens bien que je t'aime
Oh ! J'ai un problème
C'est que je t'aime aussi

Contrairement aux enfants qui simplement se regardent
Et innocemment s'adorent
Les adultes, eux, ont tous, le même problème :
Ils s'aiment

C'est ce que se disent :
Mon père
Ma mère
Dans leurs regards

Ce jour-là l'amour plane en l'air. L'amour de mon père pour ma mère, de ma mère pour mon père, de mon père et de ma mère pour leurs enfants.

Pour nous.

Nous aussi, nous sentons que nous les aimons mais nous ne le leur disons jamais. Je décide de donner à nos parents les noms de Johnny et Sylvie, signe de notre amour pour eux. Plus tard, ils devinrent très célèbres et populaires à cause de ces noms. Chaque fois que chacun de nous les appelle ainsi, il leur exprime son amour en disant :

Je t'aime Maman

Je t'aime Papa

Et eux sourient joyeusement. Sourire que nous traduisons par :

– Nous vous aimons aussi chers enfants.

La famille, le voisinage et nos amis approuvent les noms de Johnny et Sylvie.

Et leurs petits enfants ne les connaissent que par :

Pépé Johnny

Mémé Sylvie

Lorsque ma mère me remercie pour la langue française et m'avoue son amour, je me dis au fond de moi-même :

Quelle reconnaissance,

Quelle humilité elle a cette femme !

Pourtant ce sont bien eux qui ont fait de moi le francophone que je suis. J'ai une fois, été nommé « francophone de l'année. » Je n'aurais jamais eu cette nomination si je n'avais jamais eu Sylvie pour mère et Johnny pour père.

Jamais !

Au moment où mes souvenirs commencent à me raconter comment ils ont été les professeurs de ma francophonie, mon oncle murmure en apostrophant sa sœur :

– Je n'en crois pas mes oreilles, et dire que, adolescente, tu détestais la langue française ! Qu'est-ce qui te prend tout d'un coup ?

Puis, sa mémoire ramène vers lui l'histoire de *la francophone, la viliphone et la cuvette de champignons* [20] histoire que nous connaissons déjà toi et moi – si tu as lu *La voix du Conteur* bien sûr - et qu'il prend plaisir à raconter pour que tu l'écoutes. Au moment où il commence, je l'arrête et j'insiste pour pouvoir te la raconter moi-même plus tard ; après tout, c'est moi le conteur, pas lui. Il ne discute pas car il aime bien écouter le conteur que je suis. Personne ne conte mieux que moi, et ma mère le dit toujours :

– Hun'tchimbukune, c'est le conteur de la famille, de la tribu, du village, de la ville et du pays, de tout un continent, du monde entier. Personne n'est aussi bon conteur que lui.

D'ailleurs si jamais tu vas à Madingo kayes et à Yanga, régions de nos ancêtres *Mâ M'kayi* et *Tâ M'kossu*, une flèche te conduira jusqu'au *village Makosso*, domaine de Zèzeffu, Mamalie et leur descendance, arrête-toi là et appelle tous les enfants *Makossouais*, offre leur des friandises et tu les écouteras. Assis autour du feu sous un clair de lune, ils te raconteront l'histoire que voici :

---

[20] La voix du conteur du même auteur, aux Éditions Dédicaces

La naissance d'un conteur vilifrancophone racontée par une fillette Makossouaise :

De l'autre côté du fleuve Kouilou
Dans la forêt de Yanga
Sous le grand baobab
En pleine lune
Dans le village *Makosso*
Un *Makossouais* est né.
Cette nuit-là
Sa mère Mamalie
Sa grand-mère Tchissimbu tchi M'kayi
Toutes deux conteuses renommées
Ainsi que son peuple
Savent déjà que cet enfant est très spécial.
Il apporte avec lui quelque chose de très important :
Le flambeau allumé de sa culture qu'il partagera avec tous
Et son amour, qu'il offrira à tous.

Le garçon devint un homme
Il alla à travers le monde
Accompagné de l'amour de ses frères
De ses sœurs
Rempli des dons de sa mère, de son père
Un savoir traditionnel qui circule dans ses veines
Et sort de sa bouche en forme de contes précieux :
Contes qu'il distribue à cœur joie aux assoiffés et aux affamés
Les remplissant de bonheur, d'amour et de respect.

Un jour je l'ai rencontré et je lui ai demandé :
– Quand as-tu commencé à conter ?
– Depuis le ventre de Mamalie
– Pourquoi et comment es-tu devenu conteur ?
– En voilà une autre longue histoire !
– Pourquoi toi, et non une femme ?

– Je suis mon frère, je suis ma sœur
Il n'y a aucune différence entre Lui et Elle.
– Quel âge as-tu ?
– Je ne sais pas. J'ai perdu mon âge
Je l'avais à ma naissance
Je l'avais encore, pas plus tard qu'hier, en grandissant
Je l'avais encore à la sortie de mon adolescence
Je viens juste de le perdre en vieillissant
Peut-être le retrouverai-je en mourant ?
– Allons, dis-le-moi, s'il te plaît.
– Comme tu insistes !
– Oui vraiment, j'insiste
Eh bien, je te le dirai la prochaine fois que je te reverrai.
– Que me diras-tu ?
– Tu le sauras quand je te reverrai.
– Et si jamais nous ne nous revoyons plus ?
– Ton ancêtre ne t'a-t-il donc rien appris ?
Le mien, Tâ M'Kossu, dit toujours :

Quand tu as rencontré une personne une fois,
Tu la verras toute ta vie.

– Alors, ce jour-là tu me diras ton âge ?
Puis il a souri en ajoutant :
– Tu demandes trop à ton âge !
Et il s'est éloigné après m'avoir tapoté à l'épaule.

Pendant longtemps je l'ai perdu de vue.
Je l'ai oublié et un jour
Bien après quelques années
Il était là
Au milieu d'une foule humaine
Racontant cette histoire de son ancêtre Ma M'kayi :

L'histoire de ceux qui sont partis en beauté
Et qui soufflent encore dans nos cœurs éclairés

206

« Un jour [21]
L'amour s'en va en guerre à la conquête du cœur
Il porte avec lui la paix
Il la distribue çà et là
Comme des grains de riz et de maïs,
Chaque jour il exécute le geste auguste du semeur
Et chacun y reçoit une poignée de paix
Gratuitement
Une paix pure et durable pour l'humanité entière

L'amour s'en va en paix dans chaque cœur
Il adoucit la haine ; il y cultive un champ
Un grand champ d'amour pour les humains.
Que chacun y gratte,
Et comme la mère poule nourrissez vos poussins
Il y en a aussi pour le coq égoïste
Et même pour le lion paresseux
Quand bien même il n'en resterait que la quantité d'un grain de sable,
Il le distribuera aussi aux rois dictateurs afin qu'ils sachent :

Que l'amour est plus grand que les œuvres,
Et qu'un peu d'amour est tout ce dont le monde a besoin

Ainsi la nouvelle génération racontera :

Il était une fois un amour qui alla à la conquête de chaque cœur
Porteur de paix il exécutait chaque jour le geste auguste du semeur
En distribuant tout ce qu'il avait de plus précieux :
Son propre amour

---

[21] Le Cri du triangle du même auteur aux Éditions Dédicaces

L'amour s'en allait en guerre à la conquête du cœur
L'amour s'en allait en paix dans chaque cœur ! »

À la fin de l'histoire, je l'ai approché et lui ai encore demandé :
– Alors, quel âge as-tu ?
– Tu le sais maintenant, j'ai l'âge de l'histoire que tu viens d'entendre.
Je l'ai regardé, surpris :
– Qui es-tu, au juste ?
– Je suis la légende. La légende de Mâ M'kayi, a-t-il répondu en me fixant droit dans les yeux.

Il y avait dans ses yeux le regard de tous ses ancêtres : regards de femmes, d'hommes et d'enfants. Puis il a disparu dans la foule. Je ne l'ai plus revu. Je sais que je le reverrai un jour car, lorsqu'on a rencontré une personne une fois, on la voit toute sa vie pour continuer d'entretenir la flamme vacillante de la paix et de l'amour qui sommeille en chacun de nous. C'est ce que dit Tâ M'kossu, l'ancêtre de *la Légende*.
Il m'arrive très souvent de le voir
Dans la beauté d'une femme
Dans le sourire d'un homme
Dans le rire d'un enfant
Dans le chant d'un oiseau
Et…
C'est vrai, il n'a pas d'âge
Il a tous les âges
Il est la beauté, le rire et le sourire.

Je suis...

Eh bien, je suis cet enfant, né sous le baobab, en pleine lune, de l'autre côté du fleuve Kouilou, dans le *village Makosso* ; je suis cet enfant que tu vois dans chaque conte et légende que tu écoutes, dans chaque berceuse qu'on te souffle et dans chaque chanson que chantent tous ceux qui vivent sur terre, dans les airs, dans les forêts, sur les montagnes et sous les eaux. Je suis la flamme qui réchauffe les cœurs refroidis. Je suis le conteur de tous ceux qui n'en ont pas ; je suis le griot de tous ceux qui n'ont pas de voix. Je suis le murmure du ruisseau, le son de la source. Je suis le passeur. Je suis le piroguier. Je suis le pêcheur. Je suis le bois qui glisse sur l'eau du fleuve, je suis celui qui apprend aux autres à s'envoler, je suis cette beauté sur la femme, je suis ce sourire chez l'homme et ce rire de l'enfant. Je suis le chant de ton oiseau préféré. Je suis le flambeau. Je suis la caravane qui passe et qui fait aboyer les chiens pour ressusciter le village évanoui.

Je suis un *Makossouais*.

Mère, Poètes, Père et Patron français

Sans ma mère, je n'aurais jamais eu une telle légende.

Non seulement elle m'a appris à conter en langue vili, ma mère

Mais elle m'a aussi appris à écrire et à raconter une bonne histoire en français.

Quel âge avais-je quand elle m'a demandé d'écrire ma première lettre en français ?

Dix ans, douze ans peut-être ?

C'était à la veille de mon adolescence

Je n'étais alors qu'un enfant.

Je venais juste de terminer la lecture des *Misérables* de Victor Hugo

Car depuis que le père Pierre m'a lu la chèvre de M. Seguin

Et qu'à l'âge de sept ans j'ai découvert les auteurs classiques français

Mes yeux sont restés suspendus à leurs lèvres

À leurs mains

À leurs plumes

À leurs doigts

À leur encre

À leur pensée

À leur âme

À leur conscience

À leurs cheveux

À leurs écrits

À leur souffle

À leur respiration

À leurs mouvements

Et mes oreilles se sont habituées à leurs voix

Mon cœur s'est ouvert

À leurs plaintes

À leurs chansons

À leurs lamentations

À leurs émotions

À leurs passions
À leur haine
À leur amour
À leur liberté
À leurs sentiments
À leur silence
À leurs attentes
À leur prose et à leur poésie.
À leurs mots.

Pendant mon enfance j'avais déjà lu Molière, Voltaire, Balzac, Dumas, Pagnol, Rimbaud, Baudelaire, Sartre, Hugo, Rousseau, Proust, Colette, Céline...

Et j'en passe
Sans oublier Maupassant
En passant.

Je ne les achetais pas, moi, non, ces auteurs coûtaient excessivement cher à la librairie Paillet et puis, à cette époque, il n'y avait que les Français ou quelques rares Bantous aisés ou encore quelques rares touristes qui entraient dans une librairie. Moi, quand j'y allais, je n'achetais rien. J'adorais l'odeur des livres. J'allais me cacher dans un coin derrière ces ouvrages, là où le libraire n'arrivait jamais et je me faisais tout petit. Puis, je me mettais à lire pendant des heures. Je me suis recroquevillé ainsi presque chaque jour, pendant longtemps, jusqu'au jour où mon père a commencé à me fournir des livres. Il ne les achetait pas lui non plus. Il n'était pas un francophone intellectuel, non, il ne savait ni lire ni écrire, c'est vrai mais c'était quand même un analphabète francophone intelligent car il parlait quelques mots français comme tout bon vili. Et il parlait surtout français quand il voulait prouver à ma mère qu'il était plus instruit et qu'il savait parler la langue des Blancs-Français.

Sa phrase la plus célèbre était :

« Les femmes ne sont pas des hommes, *les femmes sont des vauriens !* »

Qu'il répétait toujours en remuant sa tête tout en la traduisant en vili pour que ma mère, qui ne parlait ni ne comprenait aucun mot français à l'époque, comprenne :

« Be tchètu batu kuandji toku »

Et elle répliquait :

« Be bakle vandji batu kuandji toku »

Qu'on traduisait littéralement par « les hommes aussi ne sont pas des femmes. » Pour mon père, les femmes – sa femme – qu'il respecte et qu'il vénère – ne sont pas des êtres humains et ne peuvent pas réfléchir comme des hommes. Et pour taquiner ma mère, il insistait sur *muntu kuandji toku, vaurien* :
Djé kashâme *muntu kuandji toku*
Toi ma femme tu n'es qu'un vaurien, qu'il lui répétait très souvent à longueur de journée en riant et sans vraiment vouloir la frustrer.
Et ma mère répliquait avec le même ton :
« *Djéi nuniame vandji muntu kuandji toke*
Toi mon mari, tu es aussi un vaurien. »

C'était ça le français de mon père.
Français qu'il avait appris de son patron qui l'avait un jour dit à son ouvrier ; ce dernier arrivait toujours en retard à son poste de travail et chaque fois il avait la même et seule excuse :

« Ma femme est malade patron, ma femme est très malade. »

Une excuse qui devenait amère au fil du temps et que le patron avait maintenant du mal à avaler.
Alors, un jour il en vomit :

« Faut faire attention avec ta femme, Gilbert, faut faire attention avec ta femme, les femmes ne sont pas les hommes, elles ne réfléchissent pas, elles ne pensent qu'à elles, à elles seules et à leurs propres intérêts, elles sont capricieuses, alors, arrête de te laisser patronner par ta femme, je le dis et le répète pour tout le monde : les femmes ne sont pas des hommes. »

Et mon père avait retenu : les femmes ne sont pas des hommes. Il lui arrivait parfois de mentionner l'auteur de cette fameuse citation à ma mère :

« Mon Blanc avait dit :

« Attention, Gilbert, attention, les femmes ne sont pas des hommes ! »

Ceci dit, il était un francophone professionnel, mon père. Il avait un métier : charpentier-menuisier. Il pouvait construire une maison, tracer, lire son décamètre, son niveau, bien tenir son marteau et taper sur la pointe sans se cogner les doigts. Ce métier l'emmena un jour au Gabon où il travailla avec d'autres Blancs de France.
Il se frottait bien avec les Français et la langue française

Mon père était plus utile à son patron que le singe Popol l'était à son maître Malraux. Il ne tendait pas seulement la main en disant merci, lui mon père, il donnait aussi. Et il donnait beaucoup. D'ailleurs il donnait plus qu'il n'en recevait.

Un jour son patron lui a dit :
– Zézeffu, je vais en France pour…
– En France, patron ? coupa mon père, étonné. Une pensée effleura sa tête. Allais-je perdre mon boulot ? Et mes enfants, comment vais-je les nourrir, et leurs études, comment…
– Oui en France, l'interrompit son patron, tu sais où c'est ?

– Non, patron, mais j'en ai entendu parler ; c'est où… la… France, exactement, marmonna-t-il, surpris, de ne savoir quoi dire, quoi répondre ! Où trouverai-je un autre travail, j'étais bien habitué à mon patron, qu'est-ce que c'est que ça que la France, y a t-il mieux que le Congo ? s'égara-t-il dans ses pensées.

– C'est dans mon pays, c'est très loin d'ici, j'y vais pour passer Noël avec ma famille. Veux-tu quelques jouets pour tes enfants ? Tu es un très bon travailleur, et honnête par-dessus tout. Ah ! Si tous les Congolais étaient comme toi !

– Pour Noël… soupira mon père qui, soulagé, ordonna à toutes ces mauvaises pensées qui l'avaient absorbé de sortir de sa tête.

Quel âge avais-je ?
Douze ans, treize ans peut-être ?
C'était juste au lendemain de mon adolescence.
Muvungu avait 15 ans
Ma sœur Futu avait onze ans
Yayi Léo en avait neuf
Ngome avait sept ans
Chef Bembele en avait cinq
Ma sœur N'Bongu en avait trois
Et Mubondu né par césarienne venait juste d'avoir un an
Ma mère se remettait à peine de sa blessure
Et mon père jura de ne plus faire d'enfants à ma mère
De peur qu'elle finisse par y laisser sa vie
D'ailleurs il jura de ne plus en avoir
Huit enfants étaient suffisants
Bien qu'il en voulut douze
Comme Jacob, père de Joseph et ses onze autres bambins
Qui formèrent les douze tribus d'Israël

La bonne cuisine et la bonne nouvelle... francophones

Joseph pour les religieux
Ou Zèzeffu pour les viliphones
Johnny pour les francophones
Mon père
Ce héros, travaillait toutes les semaines dans une usine de fabrication de planches tenue par des Français. Toutes les premières semaines du mois, il y allait de 14h à 22h. La semaine suivante de 22h à 6h ; celle d'après de 6h à 14h. Lorsqu'un des jours de la semaine où il travaillait de 14h à 22h tombait à la fin du mois, nous avions droit à un traitement spécial. Cette nuit-là, nous ne dormions pas tant que Papa n'était pas encore rentré. Ce n'était pas parce que nous craignions qu'il lui arrivât quoi que ce soit de fâcheux : un accident ou un autre malheur de ce genre, pas du tout, à cette époque, rien de ce genre n'arrivait à personne, mais nous l'attendions parce que cette nuit-là, il touchait sa paye et il revenait à la maison avec de la nourriture des Blancs.
Et pas n'importe quelle nourriture
Bœuf ou poulet rôti au four avec des pommes de terre frites.
Un repas bien francophone.

Tiens, rien que d'y penser, j'ai l'eau à la bouche
Comme si je l'avais devant moi
Bien servi et fumant encore
Je le vois sur l'écran de mon ordinateur
Défiant les mots
Les effaçant
Tout en gravant les souvenirs dans ma nuque
Rappel d'un instant
Pour que j'y goûte :

Aux sourires

Aux soupirs
D'un repas
Que ramenait mon Papa !
Quelles délices,
Belle adolescence !

Je baille
J'ai faim

Soupirs nostalgiques
Plaisirs francophoniques
D'enfance
De jeunesse

Hmmmmmmm !
Ça sent bon !

Notre père était souvent fier lorsqu'il ouvrait devant nous le
papier aluminium dans lequel le repas français était emballé
Tout fumant
Il avait le grand art de le faire. Et avec le même art, il
étalait devant nous de gros morceaux de viande bien
assaisonnés à la française :
Hahaha…bourrés de mayonnaise
Belle viande fraîche et…
Toute fumante !
Douce adolescence !

Hmmmmmm !
C'était très bon !

Nos narines humaient la bonne odeur
Nos yeux pétillaient de bonheur
Nos bouches riaient de joie
Nos dents mâchaient avec foi
Nos langues goûtaient et salivaient avec pudeur

Nos ventres attendaient avec bonne humeur
Et nous avalions tout avec gourmandise
En chantonnant comme la petite fille
Nawolicha à sa tante yabhé :

« Maman yabhé,
Manger c'est bon
Hum, manger c'est bon ! »

Quand elle la voyait sortir son repas
Et qu'elle s'approchait pour quémander une portion de son plat

« Oui, Nawolicha, manger c'est bon, hum manger c'est bon » répondait sa tante Maman Yabhé, tout en lui glissant dans la bouche une poignée de nourriture. Nawolicha en faisait une bonne bouchée, l'avalait sans difficulté et, en souriant, concluait :

«… Hum, manger c'est vraiment très bon ! »

Puissent tous les enfants goûter à ces moments de bonheur, de joie et de santé !
Le vrai bonheur francophone

Quant à ma mère, elle…
Marie pour les religieuses
Mamalie pour les viliphones
Sylvie pour les francophones
Ma mère
Cette héroïne, dansait parce que Papa venait de lui glisser dans la main l'enveloppe qui contenait sa paye du mois, soit 40 euros
Et mon héros tout fier disait en souriant

– Djei kachame muntu kuandji tôke !

Et mon héroïne joyeuse répondait en riant

– Djei nuniame muntu kuandji tôke !

Et ses fossettes se dessinaient sur ses joues.

Mais cette nuit-là était différente. Il était doublement fier mon père. Il avait une bonne nouvelle à nous annoncer après ce dîner des Blancs.
La plus belle qu'on n'avait pas encore entendue de toute notre vie.
Enfin, elle n'était pas encore bien longue, notre vie mais une telle nouvelle, nous ne l'avions pas encore entendue jusque-là :
Une vraie nouvelle francophone
Mon père n'est pas du genre à se glorifier. Il est fier certes mais pas orgueilleux ; il est humble mais pas complexé. Il se contente de ce qui est à lui et il ne court pas après le bien matériel
Et surtout pas après le bien d'autrui
Ni de ses frères
Ni de ses oncles
Ni de ses tantes
Ni même de son père qu'il n'a jamais vu
Ni de Mâme Nzingue sa mère qui a laissé sa vie en l'accouchant. Non, il ne court pas après le bien d'autrui. Il est comme mon frère Cheffu Bembele. Placé sous la garde de sa sœur aînée, mon père n'a compté que sur lui-même. Il n'a eu confiance en personne. Et toutes les nouvelles qu'il a reçues pendant son existence n'ont été ni grandes ni petites, ni bonnes ni mauvaises. Elles ont été toutes des nouvelles qu'il a reçues avec la même émotion. À se demander s'il avait des émotions, mon père. Jamais je ne l'ai vu pleurer. Jamais je ne l'ai entendu se plaindre. Par contre, je l'ai souvent vu et entendu rire : un rire timide, camouflé, presque un soupir. Une nouvelle n'étant qu'une nouvelle,

218

chaque nouvelle pour Johnny était juste quelque chose de nouveau. Pas plus.

Pour nous c'était une grande nouvelle.

Pour notre mère aussi.

Elle adore les bonnes et les grandes choses.

Mais notre héros nous l'annonça le plus simplement possible :

– Mon patron m'a demandé si je voulais des jouets pour vous, chers enfants. Il va en France pour les vacances de Noël.

« Quoi Papa ?
Répète !
Qu'est-ce que tu as dit ?
Noël ?
Les jouets ?
France ?
Ton patron ?
C'est quoi les jouets ?
Qui est-ce la France ?
C'est où la France… ?

Nous balbutions, nous sautillions, nous jubilions
Nous dansions, nous sautions, nous criions
Nous nous embrassions et nous l'embrassions :
À la joue
Sur la tête
Dans le dos
Sur les épaules
Nous lui couvrions de baisers
Nous roulions par terre
Nous courrions de ci de là
Nous mordions nos langues
Nous grincions des dents
Nous avions mal

Nous avalions de travers.

Tu ne t'en rends peut-être pas compte
Mais vois-tu cher lecteur
Des jouets à nous
Tu t'imagines chère lectrice
Comme des enfants de la cité européenne que nous
rencontrons par hasard sur nos plages indigènes !

– ' ˙ai avec ma balle à l'école
–   ˙onduirai ma voiture partout
–   ɔrendrai bien soin de ma poupée Barbie
–   mienne, je la veux Française
–   ɔi, je la veux Italienne dans sa voiture sport décapotable
– Il n'y a pas de Barbie italienne
– Si y'en a
– La Barbie est Française, pas Italienne
– Moi, je veux un hélicoptère
– Et moi un train électrique sur les rails
Qui passe sous un long tunnel
Et et et…
Excités
– Et…
– Et qui fait tchick tchick tchik
– Moi, je veux Jean Paul Belmondo
– Jean Paul Belmondo n'est pas un jouet
– Si ç'en est un, je l'ai vu dans *Peur sur la ville* : il
survolait Paris, au-dessus de la Tour Eiffel, très haut dans les
airs, perché dans le vide
– Jean Paul Belmondo n'est pas un jouet.

Et ça parle, et ça discute, et ça rit
Et ça se fâche, et ça pleure, et ça crie
Et ça argumente, et ça se cogne
Et ça se torture, et ça se déchire
Et ça se tâte la tête, et ça se tape dessus

Et ça se bombe la poitrine
Et ça se frotte les mains
Et ça se craque les doigts
Et ça se froisse les cheveux
Et ça se tient au collet
Et ça se grince les dents
Et ça s'envoie des soufflets

Et ça se tire la langue
Et les oreilles
Et le nez
Et ça fait mal
Et ça pousse
Aïe, Aïe…
De douleur
Et ça se fait la grimace
Et ça singe les enfants des riches que ça rencontre par hasard sur les plages des enfants pauvres
Et moi je les regarde tous.
Hébété.
Épuisé.
Muet.

Si Popol était encore là il remuerait sa tête en disant :
« Vous faites honte à ma race ! »

Ma mère me regarde et demande :

– Et toi, mon fils, qu'est-ce que tu aimerais recevoir de la France ?
– Des livres, que je dis sans hésitation et en baissant mes yeux, timide ; tous les livres, que j'ajoute en les relevant sur ma mère.

Et ça s'éclate, et ça s'esclaffe, et ça s'étire, et ça se casse,
et ça s'ouvre comme un livre à la moquerie, et ça se pouffe,
et ça se tord
De rire, de toux, d'étouffements, d'éternuements
Et ils ont tous le hoquet
Sauf mon père
Sauf ma mère
Sauf moi.
On les regarde.
Ils nous regardent.
Essoufflés.
On regarde.
Et ça se tasse, et ça se calme.
Et ça respire
Et ça inspire
Et ça expire
Et ça prend un grand bol d'air
Et ça fait du bien
Et ça se sent bien
Et ça passe comme le temps
Et le fleuve coule toujours
Et le temps passe au-dessus du fleuve
Et nous, on s'arrête
Et le temps ?
Eh bien, il ne s'arrête pas
Il continue
À cheval sur le fleuve

Mamalie et Victor Hugo

J'ai reçu mon premier lot de livres. Ils étaient dans une grande enveloppe. Je ne sais pas pourquoi il y avait des timbres français sur l'enveloppe. J'ouvris l'enveloppe et en sortis des livres tout neufs qui sentaient la France. Les pages étaient très blanches et les écrits d'un beau noir doré. J'ai lavé, savonné, bien frotté mes mains et les ai essuyées avec une serviette propre avant de poser mes petits bouts de doigts sur les belles pages qui crépitaient comme le feu de la savane quand je les ouvrais.

Qu'ils sont doux les livres quand tu les tiens !
Qu'ils sont joyeux quand tu les lis !
Qu'ils sont charmants quand ils te parlent !
Qu'ils sont tendres quand tu les écoute !
Et qu'est-ce qu'ils sentent bons
Les livres neufs !

Ma mère prit un livre. Elle caressa la couverture. Elle me demanda :
– Qui sont ces gens dessus ?
– Ce sont *les Misérables* de Victor Hugo.
– Qui est-ce, Victor Hugo ?
– Victor Hugo est un écrivain français qui parle de lui tout en parlant de nous.
– Qu'est-ce qu'il raconte dans ce livre ?
– Il raconte la vie d'un homme qui passa toute sa vie en prison pour avoir volé un pain afin de nourrir sa famille.

Mamalie ouvrit le livre au hasard sur les pages 128 et 129. Elle glissa sa main droite sur les deux pages. Elle dit :
– Lis-moi tout ceci.

Je commençai la lecture :

« Comprenez-vous cela ? Ne voilà-t-il pas un abominable homme ? Comment laisse-t-on des gens comme cela aller dans le pays ! M'arracher mes deux dents de devant ! Mais

je serai horrible ! Les cheveux repoussent, mais les dents !
Ah le monstre d'homme ! »

Ma mère m'arrêta brusquement, prit le livre, le ferma et
me demanda :

– C'est une femme qui parle n'est-ce pas ?

– Oui, mère, c'est une femme qui, pour élever sa fille
Cosette, a déjà vendu ses cheveux à un barbier pour dix
francs, et à qui un dentiste demande de lui vendre ses deux
dents pour quarante francs.

– Ce n'est pas un écrivain français, Victor, il est humain et
universel. Il connaît la douleur d'une femme. Il sait ce qui
déchire le cœur et noue le ventre. Un jour, tu écriras comme
lui, n'est-ce pas, promets-le-moi. Tu nous raconteras tout ce
qui brise nos cœurs, nos rêves et lie nos intestins à notre
destin.

– Je te le promets, Maman.

– Tu écriras pour tous ceux qui n'ont pas la voix. Je te
l'apprendrai. Tu écriras pour toutes les femmes.

Elle ouvrit le livre au milieu, y plongea son visage, huma
longuement les pages, le referma, me le tendit et dit :

– Ô qu'est-ce que ça sent bon un livre ! Lis-moi encore un
autre extrait, choisis une page et lis-en encore un peu plus.

J'ouvris le livre et tombai au hasard sur ce passage :

« Monsieur Javert, dit-elle, je vous demande grâce. Je
vous assure que je n'ai pas eu tort. Si vous aviez vu le
commencement, vous auriez vu. Je vous jure le bon Dieu que
je n'ai pas eu tort. C'est ce Monsieur le bourgeois que je ne
connais pas qui m'a mis de la neige dans le dos. Est-ce
qu'on a le droit de nous mettre de la neige dans le dos
quand nous passons comme cela tranquillement sans faire
de mal à personne ?»

Ma mère m'interrompit une fois de plus. Je sentis monter sa douleur, sa colère et ses larmes. Elle avait perçu de la tristesse dans ma voix et une plainte dans mon accent.

– Tu lis bien, mon fils, dit-elle, tu me transmets bien les émotions de cette femme ; qu'est-ce qu'on lui veut encore à cette *riche créature* ?

Ma mère n'employait jamais le groupe de mots *pauvre créature* ; pour elle tout était richesse et beauté chez l'être humain, à part les bourreaux et les dictateurs qui ne font pas partie de son humanisme. Je lui répondis :

– Monsieur Javert lui donne six mois de prison et la femme, qui s'appelle Fantine, se demande bien ce que deviendra sa fille Cosette.

Ma mère tressaillit :

– Est-elle Française, Fantine ?

– Oui, Maman.

– Et Javert ?

– Oui, Javert aussi.

– Quel monstre ce Monsieur Javert ! On n'enferme pas une femme en prison, tu la défendras n'est-ce pas mon fils, quand tu seras grand tu iras bien à son secours, n'est-ce pas, tu lui emmèneras sa Cosette. Ce n'est pas loin, la France, n'est-ce pas, tu parles bien français, non ?

– Oui, mère, je le parle bien. Je le ferai.

– Il le faut, mon fils, il le faut, on ne sépare pas une mère d'avec son enfant. Et puis, je lui dois bien ça. C'est sa sœur, française comme elle, qui sans nul doute acheta ma cuvette de champignons. Je n'aurais jamais eu de sandales si elle ne m'avait pas interpellée et suivie.

Ce jour-là, ma mère nous raconta son premier contact avec la langue française. Elle avait quinze ans lorsque pour la première fois, elle vit une Française et entendit parler français. Et ce français lui était adressé à elle qui ne comprenait aucun mot de la langue de Anatole France…

La francophone, la viliphone et la cuvette de champignons

— Bonjour, Mademoiselle, est-ce du champignon que vous portez là sur votre tête ?

Ma mère ne s'arrête pas, elle ne répond pas. Elle continue droit devant elle, son panier de champignons sur la tête. La dame, une française d'une trentaine d'années qui vient de l'interpeller court après elle.

Elle n'est qu'une adolescente aux pieds nus avec pour seul habit un pagne attaché autour de ses reins cambrés et une petite camisole. Elle est innocente de la tête aux pieds et belle des orteils aux cheveux. Elle porte sur sa tête une cuvette de champignons, fruit de sa récolte qu'elle a bien l'intention de vendre afin de s'acheter une paire de sandales. C'est une jeune femme maintenant elle ne veut plus se promener les pieds nus. Toutes les jeunes femmes de son âge portent des sandales maintenant. Le monde évolue. Elle marche çà et là, l'œil vif, l'oreille à l'écoute. Il faut que ça se vende. Elle ne tient plus à repartir avec ce fardeau sur la tête. Ça pèse et c'est loin là où elle habite. Très loin, ce quartier indigène qu'elle a quitté tôt ce matin pour se retrouver dans cette cité des Blancs. Et le sol est en feu. Il est midi, le soleil chauffe à quarante-cinq degrés ; heureusement que les flamboyants de la cité européenne ralentissent son intensité. L'air doux qui vient de la mer qu'on entend mugir à quelques mètres de là adoucit la température. Mamalie a faim. Elle tourne autour d'elle-même. Elle voit passer et repasser des Occidentaux qui courent, de peur d'être abordés par des enfants misérables qui longent les rues de Pointe-Noire ou encore, par ces vendeurs ambulants qui, pour la plus part viennent des pays voisins. Ils ne regardent ni à gauche ni à droite ces Blancs ; ils vont droit devant eux et rentrent soit dans la boulangerie, soit dans la pâtisserie ou encore dans ce grand hangar où on y trouve toutes sortes de vendeurs venus vendre la nourriture aux

Blancs. C'est leur marché, le marché des Blancs : Français pour la plus part. Ils y entrent les mains vides et en ressortent d'aucuns avec une baguette, d'autres avec des croissants ou des bananes bien mûres. Ils marchent vite sans se bousculer, toujours pressés, le regard fuyant, évitant la main tendue de l'enfant de la rue qui mendie en disant :

Monanu muane zambi tchaliéé
Kayenda yi zale mutivumuè
Nawuvioke kuandjjè ?
Krambanu, nawuviokuandje ?

Ayez pitié de l'enfant de Dieu
Qui marche le ventre vide
Qu'il passe ainsi, vraiment qu'il passe ?
Dites-moi, qu'il passe ?

La bonne odeur des fruits frais et mûrs et des *gâteaux chocolat* chauds font grogner le ventre de Mamalie. Elle tourne autour des Blancs, sa cuvette sur la tête ; elle a vraiment faim. Il faut que ça se vende ces champignons. Elle boude : « Je ne tiens pas à repartir là- bas dans mon quartier indigène avec ce lourd fardeau sur ma tête et mes pieds sans sandales sur ce sol qui chauffe. »

Ah ça non !

Un peu plus loin, sous l'ombre doux et frais du flamboyant, ses deux frères, Clément et Moïse, l'observent en riant. Ils se la coulent douce en dégustant toutes les friandises que mangent les enfants de leur âge. Eux, ils ont déjà tout vendu. Elle les regarde et leur tire la langue. Aujourd'hui, ils ont décidé de ne pas l'aider à vendre son champignon. Elle s'est montrée très impolie toute la semaine. Aujourd'hui, ils ne lui serviront pas d'interprète. À cette époque les garçons vont à l'école pour apprendre à parler français et à devenir plus tard des médecins ou des enseignants. Les filles n'ont pas droit à l'éducation. Avant les indépendances, l'Afrique n'a pas encore évoluée. Les Blancs passent et repassent autour d'elle. Elle commence à être agacée. La Française la rattrape enfin ; elle lui demande :

– S'il vous plaît, Mademoiselle, est-ce du champignon que vous avez là ?

Elle regarde la dame étonnée, ne comprend rien à ce qu'elle dit, secoue négativement sa tête et répond dans sa langue vili :

– Moniku madam', libole liame li buku !

– Non, Madame, c'est ma cuvette de champignons.

Et elle s'enfuit

La dame court après elle et insiste :

– Voyons, dites-moi, je vous en prie, est-ce bien du champignon que vous avez dans votre cuvette ? Je vous l'achète.

– Moniku madam' moniku, libole liame li buku.

Elle s'éloigne de la dame. Ses frères éclatent de rire. L'un d'eux s'approche de la dame et répond :

– Oui, Madame, c'est du champignon, tout frais et de gros calibre. Vous en voulez, Madame ?

Et la dame lui achète tout ce qu'elle a dans sa cuvette. Ses frères se moquent d'elle mais elle répond :

– Vous devriez plutôt vous moquer de la dame, pas de moi. C'est elle qui devrait avoir honte ; elle vient dans mon pays, elle veut mon champignon et elle ne connaît pas ma langue. N'aurait-il pas fallu qu'elle apprenne ma langue avant de venir ici ou de brûler d'envie pour mon champignon ?

Elle a raison, Mamalie mais depuis ce jour on l'appelle « *moniku madam, libole liame li buku !*»

A cette époque, elle est cent pour cent viliphone.

Comme toutes les filles de son âge, d'ailleurs

Et qui commencent à peine à porter des sandales

228

La correspondance francophone

Tu as déjà entendu parler de Paulin, n'est-ce pas ?

Oui, déjà…Celui qui voulait te raconter l'histoire de *la francophone, de la viliphone et de la cuvette de champignons*, tu te souviens ? Celui-là même qui s'est étonné : « Quoi, *Mamalie aussi parle français ?*»

Eh bien, même si ce jour-là il ouvre de gros yeux interrogateurs en apprenant que son beau frère Zèzeffu est francophone, il est bien loin de se douter que c'est lui aussi, qui m'a attiré vers la francophonie.

L'oncle Paulin, que j'appellerai toujours tonton Paulin, est le frère cadet de ma mère. Cette dernière s'est servie de lui pour m'apprendre à lire, à écrire et à mieux comprendre la langue française sans le savoir. Tonton Paulin n'est pas un analphabète, il a fait ses études primaires, élémentaires et moyennes à l'école Saint Jean Baptiste comme tous les vilifrancophones. Après son Certificat d'Études Primaires et Élémentaires qu'il obtint au cours moyen 2ème année, il refusa d'aller au collège Monseigneur Carrie où il avait toutes les chances de devenir instituteur adjoint après une brève formation. Il choisit d'être matelot et s'installa au Gabon, pays voisin où il travailla pendant des années au port de Port-Gentil. Durant cette période, il entretint une relation épistolaire avec sa sœur. À l'époque, même ceux que j'appelle, moi, les gros instruits et les vrais intellectuels ne savaient ni écrire ni lire le vili à part l'abbé Poaty Goedefroid qui lui, grand viliphone, écrivait une belle poésie et faisait chanter nos pères et mères à l'église catholique Saint Christophe dans leur langue maternelle. J'entends encore tous les viliphones chanter à l'unisson et dans la fraternité, invoquant la vierge Marie ou louant l'agneau de Dieu :

« *Ma Marie djei tu téla mbilé djé mamitu djé mama
Ma marie djé tu téla mbilé djé nguli yi luzingu…*»

Maman Marie, nous t'invoquons, toi notre mère, toi la
mère
Nous t'invoquons, ô toi, Maman Marie, mère de la vie

Ou encore :

« *Limème li Zambi ééééh li même li Zambi*
Hu botula li sumu li mongo butotué
Li même li zambi tu fuili tchali ! »

Agneau de Dieu, ô, agneau de Dieu
Toi qui ôtes le péché du monde
Agneau de Dieu, aie pitié de nous.

Sinon à part ça toutes les correspondances qu'on adressait à l'époque se faisaient en français. Toutes les deux semaines Tonton Paulin envoyait une lettre à ma mère qu'elle me tendait pour que je lui en fasse la lecture :
En français d'abord.
En vili ensuite.
Elle adorait écouter les sons français sans interruption. La traduction en vili suivait bien après qu'elle avait écouté toutes les syllabes françaises. Elle me dictait alors sa réponse dans sa langue maternelle que je traduisais dans ma langue francophone. Une fois sa longue lettre terminée, elle préférait que je la lui lise en français uniquement, refusant toute traduction sous prétexte qu'elle connaissait déjà ce que je venais d'écrire puisque je n'avais fait que traduire ses propres paroles du vili au français.

– Je comprends tout, disait-elle fièrement, je t'ai dicté cela moi-même.

Il y avait des moments où ma mère était fâchée contre son frère, le plus souvent pour des raisons que j'ignorais, ceci dit, elle se montrait très dure dans ses lettres, très insolente

230

vis-à-vis de son frère, voire très impolie. Alors dans ces cas elle ne mâchait pas les mots et disait tout ce qui lui passait à l'esprit. Elle lui balançait à travers mes écrits tous ces mots qui donnaient des maux de tête, ces paroles qui nouaient le ventre, ces expressions qui broyaient le cœur et moi, à mon tour, je ne les camouflais pas non plus, j'accouchais sur la page blanche tout ce qui arrivait dans ma tête et que mon cœur traduisait et faisait aussitôt passer à ma main droite.

Des mots crus et secs.

Amers comme de la nivaquine.

L'homme est un animal
Il sait faire mal

Lorsque Tonton Paulin lisait cela, il avait du mal à l'avaler ; il rentrait dans une colère rouge qui, mélangée à sa peau noire, lui donnait une couleur marron et le faisait transpirer à grosses gouttes. À ce moment, lorsqu'il répondait à sa sœur, il s'en prenait à moi. À la fin de sa lettre il marquait :

Je t'aime grande sœur

PS. Toi Hun'tchimbukune, tu as intérêt à bien peser tes mots sinon je te les ferai avaler pour que tu crèves. Continue ainsi et tu sauras de quel bois je me chauffe quand je te verrai ; toi par contre, tu ne verras que la flamme d'un feu ardent où tu seras réduit en cendres.

Sans hésitation je le traduisais à ma mère qui répliquait aussitôt :

— Si tu brûles mon fils, tu finiras vif en enfer et crois-moi, ce n'est pas moi qui t'apporterai un verre d'eau.

Et à travers mes mots je lui décrivais réellement comment vivait-on là-bas en enfer car le père Pierre m'avait fait frémir en me faisant tout un dessin de cet endroit horrible.

Quand des menaces de ce genre viennent d'une sœur aînée, il faut se faire pardonner.

Et vite.

Tonton Paulin le comprit aussitôt. Il ne se fit pas prier. Il envoya ce jour même une lettre d'excuses, qui fut suivie quelques semaines plus tard d'une machine à coudre de la marque *Singer* à ma mère, et à moi, un tourne-disque utomatique de marque *Sony* sur lequel je pouvais uperposer une dizaine de vinyles et qui jouait sans arrêt. Je trouvai dans un autre carton qui m'était destiné un beau peignoir bleu tout neuf et une cinquantaine de disques de grands chanteurs français.

La francophonie venait de s'établir définitivement dans ma vie. Elle venait enfin de prendre possession des lieux. Désormais mon domaine lui appartenait. Je commençai à respirer, à manger et à vivre français. J'étais devenu :

N'vili tchibambe, le vili blanc et note bien : Blanc-Français à cent pour cent.

Je commençais à l'incarner totalement.

Le griot francophone

J'entretenais à présent une relation unique et fidèle
Avec la communication francophone.
Mon langage s'alliait tendrement avec la langue du grammairien Senghor.
Je détenais en même temps la simplicité de la sagesse francophone
Et de son intelligence
L'acceptation de soi
Loin de la négativité.
Le français ne m'appartenait plus
Il était moi
Il me pénétrait
Je le portais
Il m'emportait
J'étais imprégné
Jusqu'au fond de l'âme
Je le possédais
Tout au fond de moi-même
Je devenais une belle créature francophonique
Une beauté non physique
Intellectuelle et profonde.
Pas un objet
Ou un robot parlant
Encore moins un ordinateur
Le français m'entraînait dans la présence de sa communauté francophone
Je me baignais dans cette grande énergie qui provenait de cette merveilleuse langue
J'étais calme, je la croyais distraite
J'entendais sa voix pareille à celle somnolente de mon père disant à ma mère

Toubakuaku ka mi yi mukuwu
Parle, je te suis attentivement.

Elle parlait, j'écoutais.
Puis elle se taisait pour écouter à son tour.
Sa fidélité me touchait
Sa passion m'emportait
M'enivrait
Son silence qui en disait long était fier de me rappeler sa
présence.
Dans ma vie, elle était là, dans toutes ses origines
Dans toute sa grâce et dans toute sa beauté
Dans toute sa force et dans toute sa vérité
Dans toute sa nudité
Dans toute sa splendeur et dans toute sa grandeur
Dans sa diversité et dans son amour suprême
Dans ses sourires et ses souvenirs.
Dans ses soupirs et dans ses désirs.
Elle m'imposait son plaisir
Ses envies
Son amour.
Je m'ouvrais à elle sans discuter
J'étais passionné
Je le réalisais
Car que faisais-je de mes journées, de mes nuits
De mes pensées, de mes rêves
Sinon parler d'elle
Parler avec elle
Parler pour elle
De son éloquence
De sa politesse
De son romantisme
De son patriotisme
De sa musicalité
De son humilité
De son élasticité
De son respect
De son amour
Dans sa propre langue

234

Qui devenait mienne
Je vantais sa gloire
Je devenais son monologue intérieur
Son mirage
Sa silhouette
Son écho
Son reflet
Créé à son image
Par son souffle
Par sa parole
Par sa langue
Qu'elle tourna
Une fois
Deux fois
Trois fois
Quatre fois
Cinq fois
Six fois
Sept fois
Après de sa part, mûres réflexions
Et de ma part, pures génuflexions
Pour enfin reconnaître
Et me faire connaître
Et faire reconnaître à tous
Que j'étais son griot
Enfin
Avec mes petits mots
De simples petits mots
Comme ces petits bouts de pain
Qu'on distribuerait aux petits oiseaux
Je devenais le griot francophone de la langue française

Un temps francophone

Il fut un temps
Et c'était le beau temps,
Où les copains,
Les voisins
Les copines des copains
Et les voisines des voisins
Venaient chez nous
Apprendre la langue française
En écoutant de la musique française
Et la poésie des chanteurs français

Ils étudiaient les phrases de :

Nana Mouskouri dans
Pour mieux t'aimer
Je serai la plus tendre

De Mireille Mathieu dans
On ne vit pas sans se dire adieu
Sans mourir un peu...

De Mike Brant qui se demandait
Qui saura...
Me faire vivre d'autres joies

De Michel Sardou pris par cette
Maladie d'amour
Qui court et qui court
Dans le cœur des enfants
De 7 à 77 ans

De Claude François au bout du fil qui chante
Le téléphone pleure
Allô !

236

Écoute Maman est près de toi
Il faut lui dire : Maman
C'est quelqu'un pour toi

De Johnny Halliday hurlant
Noir c'est noir
Même si à l'époque
Nous avions pensé qu'il était raciste
Et qu'il injuriait les Noirs
Tout en insistant qu'il n'y avait plus d'espoir
Et que gris était gris
Et que c'était fini
Et que ça le rendait fou…

La rock star !
Nous l'avions jugé à tort
Alors qu'il ne faisait qu'attiser le feu d'un amour
Qui s'éteignait dans son cœur

S'excuser serait peut-être trop tard
Mais comme on le dit :
Mieux vaut tard que jamais
Eh bien, toutes nos excuses
Johnny
Et nos amours
À Sylvie

Il fut aussi un temps
Quel temps merveilleux !
Où j'enfilais mon peignoir
Tôt le matin
Et le gardais toute la journée
Pour montrer à tous
Que je portais le pyjama des Blancs-Français

Et un autre temps où mes amis

Se firent appeler
Michel Delpech, Georges Moustaki
Michel Polnareff, Ringo, Sheila
Jacques Brel ou Frédéric François

Il fut un temps où
Le soir
Entre fraîcheur
Et douceur
Alors que j'avais encore mon peignoir
Les copains les voisins
Les copines et les voisines
Se taquinaient entre eux
En se balançant des phrases de ces chanteuses
Et de ces chanteurs
Qu'ils mémorisaient sans en comprendre le sens
Pour se prouver aux uns et aux autres
Qu'ils parlaient très bien la langue de Gainsbourg.

Et ce temps-là surtout où ce voisin s'étouffait dans la
«chemise»
De Aznavour, et que, se moquant de lui, les voisines
S'éclatèrent d'un rire sonore, suivis par les autres voisins
Ainsi que toutes les copines et tous les copains ;
Et pendant que le mauvais chanteur de honte s'enfuyait
Tous derrière lui, gesticulaient et chantaient :

On s'est aimé comme on se quitte
Tout simplement sans penser à demain
À demain qui vient toujours un peu trop vite
Aux adieux qui quelquefois se passent un peu trop bien

Et tous comme de beaux diablotins
Imitaient le joyeux pas de danse de Joé Dassin

Et même si maintenant

238

Je pense
Au temps
Où le temps
Donne l'impression de s'être arrêté
Chez nous
Au Congo
Voire en Afrique :
Longues journées
Durs labeurs
Nuits blanches
Yeux secs
Sommeil perdu
Chômage
Haine
Guerre…
Et qu'ailleurs il passe toujours
Il poursuit sa course,
Et que chez nous,
Bloqué
Il attend
Qu'on lui donne un coup de pouce
Qu'on le pousse
Et qu'il avance
Et qu'il passe
Et qu'il continue sa course
À cheval sur le fleuve
Vers d'autres « ailleurs »
Où l'attend plus meilleur
Et qu'il fasse
Briller sur les faces
De ceux qui sont dans le malheur
Une autre joie un autre bonheur

Je sais

Qu'il fut surtout un temps

Où
Oh que dire
C'était dur
Un temps où
Oisif
Vagabond
Égaré
Effaré
Réfugié
Humilié
Ventre affamé
Point d'oreilles
Pourchassé
Par le pouvoir
Orphelin
Victime
Offensé
Innocent
Maltraité
Culpabilisé
Par la dictature
Trahi
Par l'opposition
À tort
Par méchanceté
Par envie
Par jalousie
Par égoïsme
Surpris
Yeux ronds
Lèvres lippues
En « O »
En « On »
En « OU »
Faisant le mou
L'étonnement

240

Boudant
Sourd d'oreille
Aveuglé
Par la cruauté
L'égoïsme
Paralysé
Assis à même le sol
Mendiant
Pauvre misérable
Main tendue
Manque de foi
D'assurance
Hésitant
Apeuré
Paniqué
À la poursuite de l'espoir
De la confiance d'autrui
De soi-même
Curieux
Assoiffé
Manque de sagesse
Et d'intelligence,
J'allais dans les rues
À la recherche de la langue elle-même
Ou d'une francophonie quelconque
Ou d'un francophone lui-même
Ou d'elle-même, la francophone
Ou d'un simple mot poli
Ou d'une petite phrase de politesse
De tendresse
D'amour
Qui se résumerait par :
Viens vivre avec moi ce jour
Et tu vivras pour toujours

Un jour francophone

Un jour
Je ne sais plus lequel
Car le temps emmène le jour
Et le jour emporte le temps
Et puis avec le temps on oublie
Un jour donc…
Coincé
Entre
L'enfance
L'adolescence
Errant dans les rues de Loandjili
À Pointe-Noire
Je fus bien servi
Je rencontrai une vieille Maman
Pas trop vieille
Qui avait du mal à porter son fardeau :
De bois
Et de manioc.
Et comme j'avais commencé
Depuis un certain temps
À ne penser qu'en français
Je lui dis à haute voix
Et en français
Sans vraiment m'en rendre compte
Que le respect
M'imposait de parler vili
À nos mères et tantes
À nos pères et oncles

– Bonjour, Maman, puis-je vous aider ?

À ma grande surprise, elle me répondit en français :
Qui l'aurait cru ?

– Mais bien sûr que oui, mon enfant

Bien sûr que oui

Tenez !

Sans hésiter elle posa son lourd fardeau sur ma tête et me demanda :

– De qui es-tu le fils ?

Et fièrement je répondis :

– Je suis le fils de Zèzeffu et de Mamalie alias Johnny et Sylvie, frère de Muvungu, Futu, Yayi Léo, Ngome, Cheffu Bembele, N'bongu et Mubondu.

– De nos jours, continua-t-elle, c'est rare de trouver des enfants comme toi. Tu vivras longtemps. Fréquentes-tu l'école ?

– Oui, dis-je.

– Aimes-tu les livres ?

– Oui, oh, que oui, fis-je, très enthousiaste, ce sont mes meilleurs jouets. J'adore accompagner mes personnages dans leurs expériences, dans leurs vies, dans leurs aventures ou dans leurs voyages, m'attarder là où ils ont vécu et faire la connaissance des personnes qu'ils ont connues. Savoir ce qu'ils mangent et quel genre de musique ils écoutent.

Qu'est-ce qu'ils lisent !

– Eh bien, conclut-elle lorsque nous arrivâmes chez elle, tu ne seras pas déçu ; mon fils en a des milliers et des milliers. Il pensait comme toi, mon enfant. Lui aussi suivait ces personnages dans leurs aventures et même dans leurs pays d'origine. C'est grâce à eux qu'il se retrouve aujourd'hui au pays des bons mots.

Ce jour-là donc…oui je me souviens… c'était un jour ensoleillé et francophone.

Francophonîquement vôtre !

Le pays des bons mots !
Ce pays
Du beau
Et du mot !
C'est la France.
Ce jour-là une grande bibliothèque s'ouvrit à moi.
Je n'avais jamais vu autant de livres enfermés dans une
même pièce.
Je les touchai
Je les palpai
Je les humai
Je les embrassai.
Et eux me regardèrent silencieux.
Dès que j'en pris un dans mes bras
Et l'ouvris
Il commença tout de suite à murmurer
À me parler
À me raconter des histoires fascinantes
Et à m'entraîner dans des aventures fantastiques
Je le refermai aussitôt pour ne pas troubler le silence
D'une bibliothèque vivante
L'éloquence
D'un livre qui parle
La paix
D'un personnage qui médite
Le vacarme
D'une scène bruyante
La joie
D'un repas en famille
Le sommeil
D'une ville qui s'endort
Les salutations
D'un village qui se réveille
Le calme

D'un fleuve qui se repose
L'insomnie
D'un lac évanoui
L'ennui
D'un ciel gris
La vie
D'une forêt profonde
Le trajet
D'une rivière qui suit sa course vers la mer
La musique
D'une pluie qui arrose une terre fertile
Le bonheur
D'un enfant retrouvé
Et qui dort à poings fermés ;
Je ne voulus pas être un intrus

Je pris possession de la bibliothèque de la vieille femme
Mais qui n'était pas trop vieille du tout
De la jeune adulte
Mais pas trop jeune non plus
De la vieille adulte

Elle m'abandonna à l'intérieur
Seul devant une immense création littéraire
En me disant :

Mon prince est servi !

Cette salle littéraire où je me trouvai devint le centre de toutes les planètes. J'allai dans des lieux inconnus où je rencontrai des professeurs doués qui m'initièrent à l'art d'écrire et de parler français.

Et si tu te demandes encore aujourd'hui si je suis autodidacte, eh bien, tu as la réponse :
Non !

J'ai bien appris à lire dans des livres comme toi
Et ces livres ont été écrits par les mêmes professeurs qui t'ont enseigné
J'ai été formé francophonîquement par ces mêmes professeurs, ces mêmes savants que j'ai rencontrés personnellement dans les lieux que j'ai découverts dans mes différents voyages à travers les livres.
Tous m'ont parfaitement bien encadré.

Tchimuamuane tchi lenvuke na woulia bingane
L'enfant obéissant trouve toujours quelque chose de très précieux
On ne lui refuse jamais rien. On lui confie même ce qui est caché. J'étais obéissant à tous, même aux livres, à leurs personnages et à moi-même.
Alors ils ne me refusèrent rien
À commencer par :
Mon père
Ma mère
Mes frères
Mes sœurs
Père Pierre
Monsieur Seguin
Blanquette
Les autres
Sans oublier ces écrivains qui
M'ouvrirent grand les portes de leur intimité
Tout comme la vieille Maman
Mais qui n'était pas trop vieille du tout
La jeune adulte
Mais pas trop jeune non plus
La vieille adulte
Qui n'hésita pas
Elle non plus
À m'ouvrir la sienne :

Son altesse est servie

En effet
Francophonîquement
J'étais bien servi
Et francophonîquement
Je m'en suis bien servi
Je restai enfermé là pendant...
Que sais-je !
J'en sortis lorsque j'eus tout lu et relu
Lorsque j'eus écouté et ré-écouté toutes les histoires
Lorsque j'eus vécu et revécu toutes les vies
Lorsque j'eus tout expérimenté
Que j'eus effectué tous les voyages
Que j'eus pris toutes les vacances
Et que j'eus participé à toutes les aventures.
Je sortis de là avec le verbe dans l'âme
La langue dans l'esprit
Et le mot dans le cœur
Bien initié
Je sortis de là plein la tête
Je sortis de là après un bon bain
De connaissance, du savoir
Et de sagesse francophone
Je sortis de là
Juste à temps avant que la bibliothèque ne brûlât
Elle brûla au moment où le temps continuait de passer
Et que le fleuve voyait le temps passer à cheval sur son eau
La bibliothèque brûla juste à temps au moment où je
terminai ma formation.
Elle brûla
Et l'eau n'y fit rien
Elle n'arrêta pas l'incendie.
La flamme
Et la fumée
Montèrent

Les nuages se formèrent
La bibliothèque brûla
Mais le temps ne brûla pas
La langue française ne brûla pas
La pluie tomba sur le fleuve qui continua de couler
Le fleuve ne brûla pas.

Le deuil francophone

La poussière d'un sage
C'est la cendre d'une bibliothèque

Elle savait qu'elle brûlait la jeune vieille adulte.
Trois mois avant qu'elle ne brûla, elle me supplia de lui lire :
La *Comédie humaine* de Balzac
Non pas qu'elle connût Balzac personnellement
Non !
Mais cette collection dans ses rayons suscita sa curiosité
Elle voulut savoir ce que Balzac accoucha sur ces milliers de pages.

Je commençai la lecture un 25 juin avec le premier volume.
Au mois de novembre, jour de tous les saints et de tous les morts
Juste avant le coucher du soleil, je lus le dernier paragraphe du XXXVIIème volume de la comédie humaine.
À la fin de la lecture de *l'Excommunié*, elle tressaillit, puis se ressaisissant murmura :
– Merci
Deux jours plus tard, j'allai la voir sur son lit de mort et je lui répétai le même mot :
– Merci
Je la vis sourire dans ma pensée et je l'entendis répondre là dans ma tête :
– De rien. J'attends mon fils; si tu restes encore un peu, tu feras sa connaissance.

Elle attendait son fils qui allait revenir du pays des beaux mots.
Elle attendait son fils avant de partir. Il arriva en effet
Tout beau
Avec un cerveau

Tout le monde se retourna et lui céda le passage avec respect
Il était vêtu en Français
C'était le genre :

Tchibambe tchi n'vili
Ou
Le Blanc Vili
Mais pas n'importe quel Blanc
Un Blanc-Français
Débarquant droit de Paris

« Bien sapé comme le Congolais-Français Djo balar »[22]

Intellectuel
Culturel
Il connaissait les livres, les fleurs
Et toutes les couleurs
Adorant la bonne musique
Raffolant de la bonne cuisine
Et comme tout bon vili, aimant le bon vin
Et comme tout bon parisien amoureux du beau sapin

Il s'avança vers le lit de sa mère
Il prit la main de sa mère
Il embrassa la main de sa mère
Il posa un baiser sur le front de sa mère
Il tint un long discours devant sa mère
Il parla de sa mère à la foule
En français
Sans chercher les mots
Et il en avait de très beaux

---

[22] Roi de la sape…la sape est un mouvement social de jeunes nés au Congo Brazzaville, qui allaient étudier en occident, et qui revenaient au pays, élégamment vêtus.

Il adorait les mots français
Un bon griot de la langue française lui aussi
Il dit ces vers de Victor Hugo à sa mère :

« Nais, grandis, rêve, souffre, aime, vieillis, tombe.
L'explication sainte et calme est dans la tombe.
Ô vivants ! Ne blasphémons point.
Qu'importe à l'Incréé, qui, soulevant ses voiles,
Nous offre le grand ciel, les mondes, les étoiles,
Qu'une ombre lui montre le poing ?

Nous figurons-nous donc qu'à l'heure où tout le prie,
Pendant qu'il crée et vit, pendant qu'il approprie
À chaque astre une humanité,
Nous pouvons de nos cris troubler sa plénitude,
Cracher notre néant jusqu'en sa solitude,
Et lui gâter l'éternité ?
Qui sommes-nous ? La nuit, la mort, l'oubli, personne.

Il est. Cette splendeur suffit pour qu'on frissonne.
C'est lui l'amour, c'est lui le feu.
Quand les fleurs en avril éclatent pêle-mêle,
C'est lui. C'est lui qui gonfle, ainsi qu'une mamelle,
La rondeur de l'océan bleu »

Quand il eut fini, il souffla à sa mère :

« Je t'aime, Maman
Tu vas me manquer
À très bientôt
Repose en paix »

Son œil gauche refoula une larme
Sa bouche l'avala
Le goût salé de la larme fit pincer ses lèvres
Sentit-il la douleur du pincement ?

Il se retourna vers l'assistance
Une autre larme sortit de son œil droit
Glissa sur sa joue droite
Personne ne la vit
Peut-être sa mère
Il retira de sa poche un mouchoir tricolore
Qui revenait probablement de ce pays
Du beau
Et du mot
Le mouchoir était bien parfumé
Comme la France
Comme les pages d'un livre neuf
Tout le monde huma le doux parfum
Sauf sa mère
Il essuya sa larme
Il froissa le mouchoir
Le plaça dans les mains de sa mère
Elle sourit
Mais personne ne la vit sourire
Seul moi…elle rayonnait de bonheur
Alors le fils se tourna vers moi
Il me regarda
Son regard se plongea dans mes yeux tristes…
Je battis mes paupières
Deux larmes sortirent
Je les essuyai de mes deux mains
Je m'approchai une fois de plus de la vieille
Je pris ses mains dans mes mains
Ses mains prirent un bain de larmes
De mes larmes chaudes
Je murmurai avec grande émotion

Au revoir et merci

Je l'entendis chuchoter :

« Tu l'as vu mon fils
Vas-y, parle lui
Il a les mots français
Il est le livre des mots
Il est la langue française
Il est le cerveau de la langue française »

Je me tournai vers son fils
Je levai mes yeux pour lui dire bonjour
Et entrer dans son livre
Dans sa vie
Il me prit par les épaules et nous sortîmes

Derrière nous, la vieille
Pas trop vieille du tout, la jeune adulte
Pas trop jeune non plus
La vieille adulte sa mère dormait tranquillement
La bibliothèque brûlait
Personne ne s'en souciait
Le fleuve courait vers la mer
Le temps volait au-dessus des vagues
Et un brouillard fin s'envolait dans le temps
Tout en enveloppant l'espace céleste
Et la jeune adulte elle
Se reposait en paix
Entourée de la flamme
Et de la fumée
Puis des nuages blanc-bleu et gris
Couleurs du paradis
Couvrirent le ciel
Et la pluie tomba encore sur le fleuve
Le fleuve n'arrêta pas de couler
Le fleuve ne brûla jamais
Il continua de couler paisiblement
Et les mots de la langue française remplirent les lieux.

Le flamboyant francophone

Le français et la France sont dans ma chambre
Dans notre maison
Dans la cour de mes parents.
Dans nos manguiers
Dans nos avocatiers
Et dans nos papayers

Je cueille la France d'une main
I   a langue de l'autre
J   nire l'une
E   écoute l'autre.

Mon père vient d'acheter une radio transistor
Et on se la dispute tous les soirs
À qui le tour ?
Qui va la prendre ce soir ?
Qui va l'écouter ce matin ?
Quand c'est son tour de l'avoir
J'attends qu'il dorme
Qu'il ronfle
Pour que j'aille la dérober.
Dérober est peut-être un grand mot
Que dis-je…
Un gros verbe
Pourtant c'est bien le cas
Dès qu'il a un œil fermé
Je me glisse doucement dans sa chambre
Et la lui vole.
Me voit-il ?
Dort-il ?
Entend-il mon pas effleurer le sol
Il a l'autre œil à moitié ouvert
Et pourtant…
Il a l'autre oreille ouverte

Et pourtant...
Il me laisse partir avec la radio
Le cœur pur et ouvert
Sans nuages sombres
L'esprit francophone, pour ne pas dire l'esprit sportif domine chez cet homme car il sait déjà que la radio occupe désormais une grande place dans ma vie. Elle remplit mes journées et couvre mes nuits.

RFI... Vous écoutez Radio France International, votre journal...

Et j'écoute le journal tous les jours : le journal du soir, celui du matin et sans oublier bien sûr le journal Afrique qui parle du continent et de ses présidents, de ses dictateurs, de leur immense fortune et de leurs coups d'État.
Écoute
Ils ne sont pas tous égoïstes, nos dictateurs
Ou mauvais, ces présidents, quand ils viennent supplier nos voix. Ils n'exercent aucune force sur leur peuple. Ils viennent s'accuser les uns les autres, comme de petits enfants qui ne peuvent prendre leur responsabilité. Le peuple leur voue une connaissance aveugle non justifiée, et leur attitude prestigieuse devant le peuple prend une forme d'autorité qui n'est autre que l'exercice d'un pouvoir présidentiel et cela malgré eux. Ils n'ont aucune force. Ce sont des agneaux nus qui viennent se vêtir du respect que le peuple leur attribue en prenant le rôle du dominé à genoux devant le dominant debout.

Grâce à RFI, je découvre le français présidentiel. Les deux premiers présidents de la Cinquième République française et le premier président sénégalais m'apprennent leurs mots et leur francophonie :
J'entends la voix de De Gaulle
La poésie de Georges Pompidou

Et surtout le mot et le verbe de Senghor

Et puis il y a le théâtre francophone qui passe après les
présidents français
À minuit.
Je découvre un autre domaine
La scène
Et un autre français :
Scénique
Radiophonique
Et journalistique
Une fois de plus je me l'approprie.

Mon frère Muvungu et moi lisons Molière
Que je viens juste de recevoir pour Noël.

Quelle année sommes-nous ?
Qu'importe !

Nous lisons *l'Avare*
Le Malade imaginaire.

Nous avons grandi
Mûri
Mais nous sommes encore des enfants
Quel âge avons-nous ?

Qu'importe l'année !
Nous savons lire et interpréter les grands personnages du
comédien Molière tels que :
Tartuffe, Dante, Sganarelle…

Futu notre sœur se joint à nous.
Yayi Léo aussi mais tous deux ont encore du mal à lire.
Le texte a du mal à passer.
Ils lisent les bouts de mots pas le mot en entier ou le texte.

Le dialogue chez tous les deux est une eau stagnante.
Il ne coule pas.
Un liquide puant.
Il sonne faux.
Le texte se noie dans leurs bouches qu'ils n'ouvrent pas
grand.
Les mots s'embourbent dans leurs langues. Ils pataugent
Le français, langue vivante, s'étouffe
S'enfonce dans leur salive comme dans du sable mouvant
Se meurt
À petit feu
La bibliothèque se brûle
Et moi je m'en rends compte

Que diable viennent-ils faire dans cette galère ?
Il faut sauver les francophones
Et la francophonie
Protégeons le patrimoine culturel

Je vais à leur aide et surtout
Je vais au secours de la langue française
Parce que le français pour moi
Est ce flamboyant
Qui doit fleurir à toutes les saisons
Afin que nous puissions toujours cueillir ces belles fleurs
Jaunes et rouges
De son vert feuillage :
Ces beaux mots si doux
Ces fruits si doux de l'arbre à pain de l'écrivain U'tam'si
Ces belles patates douces de la conteuse Mâ M'kayi

Viens vivre avec moi ce jour
Et tu vivras pour toujours
Viens t'asseoir à mes pieds
Viens te reposer sur le tronc de mon arbre
Veux-tu une mangue

Voilà
Dégustes-en une
Je t'en ai gardé une belle, bien mûre et bien parfumée
As-tu mangé
Non
Eh bien, voici la bouillie de manioc
Mon futur roi est servi
Ma future reine est servie
Francophonîquement
V·   ' un sou
V   cheter du sucre et du lait
Ϝ   ʒe-toi une bouillie
Ϝ   ʒns, enfant
        ɩis que tu es fatigué
Viens te reposer sur mes genoux
Je te raconterai les contes de ma francophonie
Avec ces beaux mots de la langue
De Mâ M'kayi
De Muän M'kayi
De Marguerite Duras, de Anne Desclos
De Rabelais et de André Gide
De Camus, de Stendhal
De Proust, de Corneille et de Ionesco
De Zola, de Marguerite Yourcenar et de Benoîte Groult
Tu en seras fasciné

Le théâtre francophone

Chaque enfant qu'on enseigne est un homme qu'on gagne
Donc au petit enfant donnez le petit livre...
L'intelligence veut être ouverte ici-bas ;
Le germe a droit d'éclore ; et qui ne pense pas
Ne vit pas...

Où ai-je entendu cela ?
Quelque part
Dans mes déjeuners et dans mes conversations intimes
avec Victor Hugo :

Tout homme ouvrant un livre y trouve une aile, et peut
Planer là-haut où l'homme en liberté se meut.

J'adapte au théâtre la récitation *le faux Malade* de J-M
Villefrance et mets en scène Yayi Léo dans le rôle du petit
menteur et Futu dans celui de la Maman.
J'attribue le rôle du narrateur à mon frère aîné Muvungu
qui le rend avec grand enthousiasme.

Et les rideaux s'ouvrent sur le spectacle qui commence
avec :

Le narrateur :

Mesdames et Messieurs,
La pièce commence avec un bruitage assourdissant.
Nous sommes à l'école St Jean Baptiste.
On est mercredi et il est exactement 4h45 de l'après midi.
Quinze minutes nous séparent de la sortie des classes.
C'est l'heure de la récitation.
Dans toutes les classes
Du cours préparatoire 1ère année au cours moyen 2ème année
S'élèvent les voix des élèves

Honorant ces grands écrivains étrangers et encore méconnus :

Ma main
Voici ma main
Elle a cinq doigts
En voici deux, en voici trois.
Celui-ci le petit bonhomme
C'est le grand pouce qu'il se nomme !
Regardez les doigts travailler
C?   'n fait son petit métier.

L?   u petit frère !
L?   ?u petit frère qui nous est venu
D?   dans sa corbeille
Tout rose et tout nu
Puisque chacun le prend
Pourquoi ne veut-on pas que je le prenne dans mes bras ?
J'ai touché sa tête, très, très doucement, Maman n'a rien vu.
Madeleine Ley

Le narrateur :

Dehors une pluie s'annonce.
Le vent souffle.
L'air siffle.
Les arbres murmurent.
Les feuilles tombent.
Le soleil se cache derrière les nuages noirs.
Le ciel s'assombrit.
À l'intérieur, les élèves du cours élémentaire 1ère année chantent :

Ma petite est comme l'eau
Elle est comme l'eau vive
Elle coule comme un ruisseau
Que les enfants poursuivent

Courez, courez
Vite si vous le pouvez
Jamais, jamais, vous ne la rattraperez !

Le narrateur :

Et ceux du CE2 entonnent
Et chantent avec le coq du village :

Le coq chante
Le jour paraît
Tout s'éveille
Dans le village
Avant que le bon couscous soit prêt
Femmes debout et du courage
Pilons pan pan, pilons pan pan, pilons gaiement !

Le narrateur :

Pendant que les élèves du CM2
Qui préparent leur certificat d'Études Primaires Élémentaires
Chantonnent à l'unisson les tables de multiplication :

9x1 = 9 ; 9x2 = 18 ; 9x3 = 27 ; 9x4 = 36 ; 9x5 = 45...

Le narrateur :

Un élève du cours moyen 1ère année
S'avance vers le bureau de l'instituteur les bras croisés
Et demande poliment :

– S'il vous plaît, Monsieur, permettez-moi de sortir.

Le narrateur :

Le maître lui accorde la permission de sortir.
Il se retrouve dehors, dans la grande cour de l'école.

Il se dirige vers une touffe d'herbe pour se mettre à l'aise.
Une goutte de pluie lui tombe sur la tête.
Il lève les yeux au ciel.
Une autre lui tombe dans l'œil.
Il s'arrête
Commence à battre ses mains
À sautiller sur place à pas cadencés et à chanter :

> *La pluie tombe*
> *La pluie n'est pas contente*
> *La pluie tombe*
> *La pluie n'est pas contente*
> *La pluie tombe*
> *La pluie n'est pas contente.*

Le narrateur :

Il repart en classe
Annoncer la bonne nouvelle aux autres
Oubliant qu'il courait vers le buisson
Derrière le bâtiment de l'école
Pour se soulager.
Au seuil de la porte
Il voit un éclair briller dans ses yeux.
Pris d'aveuglement
Il rejoint sa place en comptant de un jusqu'à vingt
Et à vingt et un
On entend le bruit assourdissant d'un tonnerre
Puis la plainte des gouttes de pluie sur la toiture de l'école.

– Rangez vos affaires, disent les enseignants, et rentrez vite avant qu'il ne commence à tomber des cordes !

Le narrateur :

Les élèves sortent en courant
En criant
En se taquinant

262

En s'interpellant
Et en chantonnant dans toute la cour
Sans se soucier de leurs uniformes
De leurs livres et de leurs cahiers que la pluie déjà détrempe :

Il tombe de l'eau, plic ploc plac
Il tombe de l'eau, plein mon sac
Il chante dans l'eau
Croa croa croa
Plus fort crapaud
Croah croah croah
La pluie tombe
La pluie n'est pas contente

Le narrateur :

Quant aux chanteurs ils sont tous contents ; demain, c'est jeudi, et jeudi, c'est jour de congé. Le petit écolier arrive à la maison, trempé jusqu'aux os. Sa mère fait chauffer de l'eau froide, lui fait prendre un bon bain chaud et l'envoie aussitôt au lit après une bonne soupe bien chaude de patates douces, de courges et d'arachides. Le petit écolier s'endort tranquillement en rêvant de football et de belles promenades avec ses amis. Au petit matin, fatigué et paresseux, il se prélasse encore tranquillement lorsque sa mère frappe à la porte. Oubliant que c'est jeudi, jour de congé, il pense que sa mère vient le réveiller pour aller à l'école.

Yayiléo *(il grogne, il s'étire, il murmure, et il joue le faux malade)*

Quoi ! Déjà ?
Retourner en classe,
Lire une leçon qui me lasse,
Au lieu de m'amuser ici !
Je vais user de tromperie.

Futu *(maternelle)*

Alors mon enfant, as-tu bien dormi…

Yayiléo

Mère chérie,
Si tu savais comme j'ai mal aux dents,
Mal au cœur, mal partout ! Tiens, aïe, c'est là-dedans…
Holà ! que je suis donc malade !

Futu *(pâle)*

Dieu du ciel mon pauvre petit,
Il faut te mettre au lit

(Elle touche son front, remarque qu'il n'a pas la fièvre, sourit et continue)

Cela tombe bien mal, c'est jour de promenade ;
Tes frères vont sortir avec un camarade !

Yayiléo *(ôte ses draps, bondit du lit et s'écrie)*

Comment donc, Maman, c'est jeudi ?
Maman, je me sens mieux, je ne suis plus malade !

Futu *(furieuse et comique à la fois)*

– Plus malade ? Ah ! fripon, tu m'avais donc menti ?
Eh bien moi, je m'en tiens à mon premier système :
Au lit, pauvre malade, au lit, à l'instant même.

Le narrateur :

À malin, malin et demi
Et la maman le fit coucher en plein midi
Aucun vice n'est beau mais le plus laid de tous
C'est de mentir : menteurs point de pitié pour vous.

Yayiléo et Futu s'inclinent devant l'audience constituée d'un père, d'une mère, de cinq frères et d'une sœur pour saluer.

Vu le succès qu'ils remportent ce jour-là lors de leur première représentation, ils jouent et rejouent le même texte devant les voisins, les copains, les copines et les voisines. La pièce reste un mois à l'affiche. Je leur donne non seulement un livre et un texte mais aussi une parole et un personnage. Une sagesse. Je leur donne l'action et l'accent francophones. Ils apprennent, ils pensent, ils vivent, ils s'accrochent à la vie. Ils s'intéressent à cette vie. Ils la respirent.
Le français s'impose à moi.
Je leur impose le français.

– À partir d'aujourd'hui, dis-je, nous ne vivrons que pour le français, nous ne penserons qu'en français, nous ne parlerons que français.

Ils acceptent tous : Zèzeffu, Mamalie, Muvungu, futu, Yayiléo, Ngome, Cheffu Bembele, N'bongu, Munbodu
Iya mivèke…pardon je veux dire :
Et moi-même.

Nous nous accordons tous.
Nous voici donc réunis comme les dix doigts de nos deux mains.
Nous sommes ces dix doigts
Et nous nous regroupons tous ensemble
Pour nous réchauffer
Autour d'un grand feu vivant.
Et notre feu c'est la langue française qui brûle au milieu de nous.

Le chemin d'un avenir

Cette discipline merveilleuse, le théâtre, nous interpella :
Il vint fortifier notre union.
Quelle grande passion nous avions pour ce grand art !
Nous voyions en lui, la fumée et la flamme de la langue
française. Nous savions que les acteurs parlaient bien
français. Il y en avait ceux qui écrivaient leurs propres
pièces ou encore ceux qui apprenaient juste les dialogues
des autres. Il faut bien maîtriser la langue de Samuel Beckett
et de Sony Labou Tansi pour pouvoir interpréter un rôle sur
la planche. Nous fûmes hantés par l'idée de former un
groupe de théâtre familial où les acteurs seraient père, mère,
frères et sœurs. Nous hésitions un moment car les pièces de
théâtre étaient rares, et lorsqu'ils ne l'étaient pas, ils vous
coûtaient les yeux de la tête.

– Savez-vous que Molière écrivait lui-même ses pièces ?
dit Ngome, comme pour nous encourager à avoir un groupe
de théâtre à nous.
– Et alors ? demanda Muvungu qui, lui, par contre,
voulût nous décourager ; cela ne nous donne pas une pièce à
jouer en famille.
– Cela veut tout simplement dire que si Molière écrivait
lui-même ses pièces, alors nous pouvons, nous aussi, écrire
nos pièces, précisa Mubondu.
– Et qui va donc nous écrire une pièce de théâtre, demanda
Cheffu Bembele
– Hun'tchibunkune le fera pour nous, répondit Futu
Et tous approuvèrent
Et je pensai :
Pourquoi pas ? Si lui, Molière l'a fait, pourquoi ne le ferai-
je pas, moi ?

Je regardai Ngome, notre cinquième.
Notre cinquième, c'est mon cinquième frère.

Il est appelé ainsi parce qu'il vient en cinquième position.
Chacun de nous porte un nom de ce genre.
Nous sommes tous des adjectifs numéraux ordinaux
Ainsi nous avons :
Le premier, le deuxième, la troisième
Le quatrième, le cinquième, le sixième
La septième et le dernier.

Je regardai le cinquième. Lui, je l'ai toujours trouvé très intelligent. Il est né avec l'intelligence dans le crâne et la sagesse dans le cerveau. Poli, respectueux et très obéissant. Et surtout loyal par-dessus tout. Il ne trahit jamais personne. Il va toujours jusqu'au bout de toute chose. Il ne laisse jamais tomber ses amis ou ses collaborateurs. Il est toujours prêt à soutenir les bonnes idées.

Et il en a lui-même de très bonnes, plein la tête.

Lui c'est un don du ciel à la famille

Quand il est venu au monde, la sécheresse ravageait tout le pays. Aucune goutte d'eau ne venait du ciel, aucune ne provenait du sous-sol. Le lit de la rivière était vide, sec, pauvre. Les animaux et les humains couraient langues pendantes ici et là à la recherche de l'eau. Ils se croisaient tous, avant la première lueur du matin dans la forêt pour la cueillette de la rosée.

Et de rosée, crois-moi, il n'y en avait point !

L'herbe elle-même buvait les rares gouttes avant l'aurore, séchait avant midi, puis brûlait avant le crépuscule.

Le roi des animaux et le roi des humains multiplièrent des rencontres et des réunions afin de trouver une solution à cette crise qui détruisait tout sur son passage. Le soleil, qui était l'unique compagnon de la sécheresse participait à la destruction de la planète en éclairant son chemin, de nuit comme de jour. Il faisait tellement chaud qu'on confondait la nuit au jour. Ni les humains, ni les animaux ne savaient à quel moment la nuit tombait, elle. Ce qui est sûr, elle ne tombait plus : était-elle en exil ou bien se cachait-elle du soleil, de la chaleur et de la sécheresse ?

Tout mourait de soif, je te jure

Le bétail

La volaille

L'Homme

Et les plantes

Les deux rois décidèrent d'étancher leur soif avec le sang des autres. Leur problème était résolu mais, en tout cas, pas celui de leur population.

Pas d'eau, pas de nourriture non plus.

La famine sévissait.

Ainsi commença la chasse à l'homme et à l'animal sur la plus grande partie du territoire congolais.

Et dans ce grand chaos que connaissait tout le pays, quelque part là-bas, dans la région du Kouilou, proche de l'océan atlantique de Pointe-Noire où la sardine et les coquillages avaient eux aussi fui à cause de la chaleur, une femme, Mamalie, accouchait, en pleine crise, en pleine sécheresse. Elle n'avait pas bu d'eau depuis bientôt six mois. La grande réserve d'eau que son mari avait gardée pour elle, était épuisée. Puis, le mari parcourut des kilomètres et des kilomètres à la cueillette de noix de coco qu'il ramena tous les jours. Il y retira le jus des noix et en remplit de gourdes qu'il conserva afin qu'il servît d'eau à son épouse et à ses enfants pendant un certain temps.

Et puis ce certain temps passa et la sécheresse brûla tout :

Même les cocotiers

Pas de cocotiers pas de noix de coco

Et pas de noix de coco, plus de jus de coco non plus.

Mamalie venait de vider la dernière goutte

Elle accouchait

Elle avait soif

Dans quelques heures le nouveau-né, son cinquième, aurait sans doute soif lui aussi. Ce dernier ne tarda pas à venir. Il arriva en poussant comme tous les bébés la première lettre de l'alphabet.

Puis, comme par miracle, une grande pluie tomba sans avertir, comme si le vagissement de notre cinquième avait été un ordre, une demande, une prière :

Que la pluie tombe
Et la pluie tomba

Ou encore :

Qu'il pleuve
Et il plut
Une prière qu'on venait juste d'exaucer
Comme par un coup de bâton magique

Et les crapauds
Contents et sautillants
Chantèrent comme des enfants joyeux jouant sous la pluie

Il tombe de l'eau
Plic ploc plac
Il tombe de l'eau
Plein mon sac

L'eau, provenant du ciel arrosa tout ce qui avait vie et qui se mourait.

Elle tomba abondamment, longuement, et nourrit tout ce qui prenait vie et naissait. Elle étancha la soif des humains, des animaux et des végétaux.

Elle arrosa notre cinquième et tous ses frères, sœurs, père et mère.

Ainsi, comme le dit ma mère :
Notre troisième, ma sœur Futu, en naissant apporta la liberté.

Ngome notre cinquième, mon frère, en venant au monde apporta la prospérité.

Nous vécûmes libres et prospères sans le savoir au milieu de nos parents.
Libres et heureux, sans le savoir, avec Papa, Maman.
Qui nous aimaient et que nous aimions
Nous vécûmes en français
Nous connûmes le mot sucre
Nous ignorâmes le mot sukali
Nous croquâmes du chocolat
Nous ne sûmes pas comment ça s'appelait dans notre langue
Nous adorâmes le lait
Mais jamais nous ne le demandâmes en vili

Notre père sut très tôt que notre liberté et notre prospérité dépendaient de notre éducation. Celle-ci passait par la langue française. Et pour apprendre la langue française, il fallait aller à l'école ; il nous y inscrivit à l'âge de six ans où nous apprîmes tous à lire et à écrire. Mais pour son cinquième fils, ce fut différent. Lorsque notre cinquième eut cinq ans, notre père fit ce que seuls les parents riches font à leurs enfants. Il fit inscrire notre cinquième à l'école maternelle, pour que très tôt, il apprenne à lire et à écrire afin d'être en avance sur des milliers et des milliers de kilomètres, qu'il avait à parcourir sur ce long chemin de l'école, qui nous mènerait tous à la prospérité que seul lui, Papa, entrevoyait dans le futur. Ce que notre cinquième président, *l'homme des masses, l'homme des actions concrètes,* appelle aujourd'hui, *le chemin de l'avenir,* mon père l'avait vu depuis le jour de la naissance de son cinquième, et il avait mis tous les moyens à sa disposition, pour qu'il soit bien éduqué, bien instruit, et trouve un jour sa place dans la cour du roi. Notre cinquième fut le chemin de l'avenir. Papa savait bien que notre prospérité viendrait de là. Nombreux ne le savaient pas. Papa et moi le savions.

– Vas-tu enfin écrire cette pièce ou non ? demanda mon premier

– Oui, dis-nous, tu vas l'écrire n'est ce pas ? s'enquit mon dernier

– C'est toi le conteur ; alors ? s'impatienta mon quatrième

– Laissez-le réfléchir, voyons, supplia ma septième

– Grand, vas-y, je sais que tu peux le faire, encouragea mon sixième

– Il est déjà en train de l'écrire dans sa tête, confia ma troisième

Si Molière le peut, alors je le peux aussi, nous parlons tous deux la langue française, pensai-je à nouveau après être sorti de mes souvenirs.

Je regardai mon cinquième. Je dis :

– Notre cinquième écrira une pièce que nous jouerons tous ensemble. Je signerai la mise en scène.

Je ne sais si on respira tous longuement au même moment
Ou on poussa tous un long soupir à l'instant même.
Mon souvenir ne me dit pas ce qui se passa après.
Il me dit qu'un jour nous étions tous sur scène comme le groupe de Molière dans une pièce intitulée :
Dans les filets d'un menteur
De Ngome
Mise en scène de Hun'tchimbukune
Interprétée par : Zèzeffu, Mamalie, Muvungu, Hun'tchimbukune, Futu, Yayi Leo, Ngome, cheffu Bembele, N'bongu, Mubondu, et aussi notre nièce, Chimène li Futu Tati M'kossu, fille de Futu. La pièce remporta un grand succès.
Le groupe joua plusieurs autres pièces par la suite entre autres :
Une saison au Congo d'Aimé Césaire

L'Étudiant de Soweto de Protais Asseng, pour abolir l'apartheid et libérer Nelson Mandela où mon cinquième joua le leader des étudiants noirs, ma nièce, l'une des victimes de l'apartheid et moi j'incarnai l'inspecteur blanc. Et tout ceci dans une langue Francophonîquement

Comique

Tragique

Scénique

Vivante

Nôtre : le français

Rêves, plaisirs et désirs Francophones

En français le futur est toujours doré.
On l'imagine en or en roulant carrosse.
On ne le rêve pas.
On ne le pense pas.
Il est là.
On le vit tel un enfant qui dépense déjà l'argent
Qui n'est pas encore en sa possession ;
Il commence avec une condition
Et termine avec une conviction :

« Si je pouvais ramasser une pièce de monnaie
Je courais chez le premier vendeur de pain
Je m'achèterais un gros pain *côté pâté côté beurré*
Et je mangerais sans en donner à quelqu'un. »

Comme il a faim, il s'assoit et commence à manger ce
gros pain garni de graisse et de viande qu'il vient d'acheter
au conditionnel chez le vendeur d'à côté et qu'il n'a pas.
Il a juste l'eau à la bouche.
Il formule un souhait
Et prend plaisir
À savourer son désir.

Ma sœur N'bongu est comme cet enfant.
Elle n'a pas encore le français dans la bouche
Ou au bout de la langue
Mais elle a déjà l'accent d'une Française dans la gorge.
En formulant son souhait
Elle gesticule
Elle singe

« Si je pouvais parler français, je...
Que n'aurais-je pas et que ne ferais-je pas si je pouvais
parler français...
Où n'irais-je pas si je pouvais seulement parler français...

Que ne dirais-je pas si seulement je pouvais la parler cette
langue…
Que ne sentirais-je pas si je pouvais…
Qui ne serais-je pas si elle était mienne…
Que ne représenterais-je pas si je…
Ah si je pouvais seulement parler français
Même un tout petit peu
Oui juste un tout petit peu

Mais où e(s)t donc or ni car soit ?

Ah français, allez, là, viens,
Vois-tu, je te tiens,
Reste avec moi que je te raconte une histoire,
Que j'ai écouté un soir,
Et qui vient de très loin,
De ces pays là-bas… lointains
Où notre fleuve n'arrive même pas,
Et où l'on ne trouve aucune trace de nos pas,

Paraît que là-bas une femme est allée vieillir,
Parce qu'elle n'a pas su utiliser sa langue,
Là-bas un homme est allé mourir
Parce qu'il ne connaissait pas ta langue,
Là-bas un homme a dit :
Maudits soient ceux qui ne m'ont pas envoyé à l'école
Là-bas une femme a dit :
Maudits soient ceux qui m'ont enfermée dans cette geôle

C'est pourquoi moi N'bongu li Zèzeffu je te dis : viens,
Moi N'bongu li Mamalie je te tiens
Je t'invite à venir vivre avec moi ce jour
Afin qu'ensemble nous puissions vivre pour toujours

Et retrouver *« or ni car soit ! »*

Voyage vers le bonheur francophone

La flamme vacillante du français brille dans mes yeux
Elle brûle ma langue.
D'ailleurs elle nous brûle tous.
Les dix doigts se réchauffent chaque soir
Sans honte ni gêne devant cette flamme dansante.
Et voilà !
Le français s'est définitivement installé chez nous.
Il nous enroule
Il nous embrasse tous : père, mère, frères, sœurs
Il nous assure une vie épanouie
Nous sommes désormais inséparables.
Notre devise est :

Pour vivre heureux ?
Parlons et vivons français !

Nous sommes une famille française qui ne détient aucune autre richesse matérielle que le français pour être heureuse. Notre bien suprême est cette flamme au milieu de nous qui réchauffe nos conversations en scintillant dans nos yeux d'enfants pleins de malice. Notre bonheur réside dans la langue française qui pour nous est comme un fleuve qui n'arrête pas de couler et dans lequel nous nous baignons sans nous lasser.

Il exprime en nous une volonté et un désir de parler à l'autre d'où la recherche du bonheur qui n'est pas loin mais qui au contraire se dissimule derrière chaque mot que nous prononçons.

Parler français devient notre droit et non le privilège de quelques intellectuels fortunés.

Quel bonheur !

Le bonheur d'être au commencement
Et de ne savoir par où commencer :
Passage obligatoire du néant
De l'écrivain devant la première page blanche
Le bonheur de trouver le premier bon mot qui fera son premier chef d'œuvre
Le bonheur du silence qui existe entre le stylo et la page vierge
Entre la page vierge et la première trace de l'encre noire
Entre la première trace et la première lettre
Entre la première lettre et le premier mot
Entre le premier mot et la première phrase
Entre la première phrase
Et la première action
Qui entraînera une autre
Une autre
Et une autre
Pour enfin en faire un film d'auteur :
Palme d'or à Cannes.

Quel bonheur !

Comme si nous sommes assis à côté de l'inconnu
Dans une locomotive inconnue
Mais francophone
Qui nous emmène sûrement vers une destination inconnue
Et francophone
Tous, muets et attentifs au silence inconnu
Voyageant pendant des heures inconnues
Savourant de bons moments d'écoute
Du silence de l'absence
De l'inconnu
Tout en contemplant une création inconnue
Défilant dans l'inconnu
Devant nous.
Coupés du monde et séparés du connu

Entourés d'une paix profonde et inconnue
Nous nous mirons dans une contemplation commune
Et bien connue
Une contemplation francophone
Faisant une lecture méditative du paysage inconnu
Qui s'approche et s'éloigne
Continuellement
Devant nous
Derrière nous
Autour de nous
Parmi nous
Au milieu de nous
Et qui nous emporte
Vers le bel « inconnu »

Et ma sœur N'bongu, elle, jubile.
Surtout, ne lui enlève pas son bonheur.
Il faut toujours lui donner sa réplique française.
Quand elle l'attend, ne retarde pas sinon gare à toi.
Elle te balance des mots
Et des verbes
Que tu n'as jamais entendus
Accompagnés des :
Mais où et donc or ni car soit…

Souvent c'est avec son cadet Mubondu qu'elle a ce genre de discussion. Ils sont tous deux les derniers de la famille. Munbondu est *muane suke*, c'est-à-dire le dernier enfant de Maman. C'est un casseur de verres, Mubondu. Papa achète toujours ses verres par douzaine. Il les achète tous les mois, le bel homme. Et la douzaine n'atteint jamais la trentaine. Juste une dizaine de jours. Mubondu est grand, fort et possède de grosses mains. Quand il touche un verre, soit, il se brise dans ses mains, soit, il tombe et se fracasse. Il est comme ce rat qui passe casse six verres et six tasses, sans se rendre compte du bruit que fait le verre quand il s'étale sur le plancher ou encore, de la douleur de la blessure que cause le verre cassé sur la main ou sur la patte de la victime.

De la cuisine, là-bas, de l'autre côté de la cour, on entend Maman demander :

– *A Mubondu !*
– *Mama*
– *Wa ba bulèè ?*
– *Èèè !*
– *Siashossuèè ?*
– *Moniku ama !*
– *Siakua wa bule ?*
– *Toke shia tatu !*
– *Tchali nuniaméééé mâ,*
Kusshi huba kuandi tchisine kuvè

Pour Maman tout se termine là.
La séance est close
On n'entendra plus parler de ça
Elle a parlé
Elle a avalé :
Et sa salive et sa colère
Et sa déception et sa misère
Fin du voyage vers l'inconnu

Pour N'bongu l'interrogatoire de Mubondu n'est pas clos. Bien au contraire, il ne fait que commencer. Le pauvre Mubondu doit revenir à la barre afin de répondre aux mêmes questions pour ceux qui ne comprennent pas la langue de Mâ M'kayi.

Elle reprend le questionnaire, d'abord avec Maman. Elle fait répéter à Maman les répliques qu'elle doit dire en français. Et quand Maman a bien mémorisé, elle lui pose des questions dans la langue de Annie Ernaux[23] que Maman

---

[23] Annie Ernaux, prix Renaudot 1984

répond sans hésitation elle aussi, avec le ton et l'accent de la Française qui voulait la cuvette de champignons, mais qui ne connaissait pas un mot de la langue vili.

– *Mubondu*
– *Maman*
– *Tu as encore cassé ?*
– *Oui Maman*
– *As-tu tout cassé ?*
– *Non, Maman*
– *Combien en as-tu cassé ?*
– *Seulement trois.*
– *Oh ciel mon mari, jamais il ne deviendra riche !*

Quand N'bongu a fini avec Maman, elle se tourne vers Mubondu :

– Eh bien Mubondu, à ton tour, tu as encore cassé ?

Mubondu la regarde, les yeux déjà larmoyants et murmure entre ses dents :

– *Bikuaku biamué*
Bikuaku biamué
Ama fungane kuinu N'bongué
Mibamangue kuame biamué

– *Ne me cherche pas d'histoires*
Ne me cherche pas d'histoires
Maman dites à N'bongu
Que je ne veux pas d'histoires

– Quoi, qu'est-ce que tu dis, je ne comprends pas ce charabia, là, moi ! Parle en français s'il te plaît, dit N'bongu. Voyageons ensemble dans notre belle langue. Quittons l'inconnu pour le connu.

– Mubakutale kuaku djèvèke
Tchimpuntu m'bembuame kuvèh

– Cela te regarde
Le français n'est pas ma langue… murmure-t-il encore en étouffant sa colère.

– Mais si mais si, voyons, mais où et donc or ni car soit ? soupire N'bongu en faisant rouler ses yeux au ciel. Puis, revenue à elle-même, elle continue, autoritaire mais bien polie et en appuyant sur les conjonctions de coordination :

– Cela vous regarde aussi, j'ai le droit d'exiger qu'on me réponde en français et ça, vous le savez. Pour être plus clair, nous avons non seulement le droit de parler français *mais* aussi le devoir *car* nous avons fait du français notre fidèle compagnon, alors veuillez répéter, cher Monsieur, mot à mot ce que vous venez de dire dans votre langue indigène et cette fois-ci dans la langue des civilisés afin de me procurer ce désir, ce plaisir, ce confort qui ne me donne *ni* honte ni malaise mais plutôt un bien suprême et durable. *Donc*, ne vous éclatez pas de colère, et ne me prenez pas la tête, *or* vous m'en prenez plein la tête, *soit…* mais d'abord accordez-moi joyeusement cette joie, cette belle danse de la langue française dans nos bouches, c'est notre bonheur familial. Nous sommes une famille civilisée. Nous possédons la langue de la civilisation. Obéissez sinon vous passerez devant la cour familiale *où* on vous fera porter à vous *et* à tous vos enfants la tête du singe Popol autour du cou pour avoir désobéi à cette loi très chère à notre famille : celle de « chanter » et de « danser » la langue française sur le territoire familial.

Alors, que choisissez-vous cher Monsieur :

Parler la langue française toute votre vie ou porter la tête de Popol à vie ?

Oui, une légende courait que Popol avait été capturé, brûlé vif et servi à la table du roi qui s'en régala avec quelques invités français qui étaient revenus pour une autre mission francophone appelée France-Afrique. La tête de Popol était exposée dans la maison du roi. Lorsqu'un enfant désobéissait à sa mère, celle-ci disait :

– Attachez-lui la tête de Popol autour du cou

Et l'enfant obéissait à ce qu'on lui demandait de faire en pleurant

Mubondu ne répond pas. On voit des larmes couler de ses deux yeux comme deux chutes d'eau. Singeant la Parisienne, N'bongu murmure :

– Êtes-vous prêt à m'accorder ce beau voyage et cette belle danse cher monsieur ?

Sans attendre la réponse elle reprend le rôle de la maman :

– Alors Mubondu, as-tu encore cassé ?

– Oui, Maman, répond Mubondu d'une voix étouffée.

– Un peu plus fort, on ne t'entend pas, as-tu tout cassé ?

– Non, Ma…man, répond-il en sanglots.

– Plus fort, dis-je, combien en as-tu cassé ?

– Seulement… seulement…

– Depuis quand bégayes-tu, allez réponds, combien, 4, 8, 12 ?

– Non, seulement trois…

– Trois… pas un mais trois, même pas deux mais trois, vous avez cassé trois verres et vous dites :
« Seulement trois ! »

Mais voyons, trois c'est beaucoup, c'est plusieurs, c'est le pluriel, pour arriver à trois, il faut d'abord partir de un, ensuite passer deux, et comme jamais deux sans trois, on y arrive presque essoufflé, c'est un long chemin, quoi, en plus du français faut-il encore qu'on vous apprenne à compter ?

Ne pouvant plus retenir sa colère, Mubondu s'éclate. C'est toujours comme ça que ça se passe entre les deux. Ils se

haïssent, ils s'aiment, ils s'attaquent, ils se déchirent, ils se
« coup de tètent » : c'est ce que dit Papa quand il vient les
surprendre ainsi :

– Arrêtez de vous « coup de téter » ou de vous « coup de
poigner » comme ça, ce ne sont que des verres, si vous
continuez ainsi, un jour vous allez finir par vous déchirer
comme des peuples non civilisés.

Le flambeau

La flamme française ne nous quitte plus
Et ne nous quittera plus jamais.

Le français devient notre flambeau
C'est notre cadeau

Les cadeaux entretiennent l'amitié, dit Aristote

Nous entretenons notre amitié
Fraternelle
Et familiale
Par les mots français
Que nous échangeons
Entre nous.

Je suis la voix du conteur
Le français est un don qui m'a été donné
Je n'ai pas à le rembourser

Je donne la voix aux mots
Et quand ces derniers parlent
Les sourds écoutent.

Les écrits trouvent refuge dans les livres
Ils rougissent
Ils vieillissent
Sans espoir
- Comme des réfugiés abandonnés à eux-mêmes
Sur les bords des plages
Dans un pays étranger –

Ou encore ils s'abîment
Avant le temps.

Les paroles elles, demeurent en nous
Nous les transmettons
Et nous ne les perdons toujours pas
Elles restent avec nous
Meurent avec nous
Vivent en nous
Et voyagent aussi à travers le monde.
Et nous avec
Même quand physiquement
Nous ne sommes plus là.

Je développe avec mes frères et sœurs le plaisir de lire : la lecture est pour nous un art oratoire mais surtout l'art de la prédication que notre frère aîné Muvungu utilise pour nous lire les écritures de sa Bible.

Que serait devenu ce livre saint si notre premier ne lui avait pas donné un ton et surtout ne lui avait pas prêté cette voix divine que nous entendons lorsque nous ouvrons ses pages ? Cette voix qui tonne, qui crie, qui pleure, qui chante, qui murmure, qui souffle, qui supplie, qui se plaint, qui ordonne, voix d'homme et de femme, d'enfant et d'adolescent, de roi et de serviteur, de reine et de servante, de bourreau et de victime, de riche, de pauvre et de mendiant, voix du dictateur, voix du peuple, voix de Dieu, des dieux et du diable ?

Quand Muvungu lit sa Bible, il devient cette grande œuvre qu'on écoute soit d'une oreille attentive soit d'une oreille distraite, à laquelle on désobéit ou on obéit, qu'on exploite ou qu'on respecte. Il ne la lit pas, il la vit, il la parle, il la raconte, il nous souffle ses mots ; et Futu, amoureuse de la lecture, grave les belles phrases dans sa mémoire pour avoir la réplique facile. Elle écoute du fond de son cœur tout en cherchant la beauté et la sagesse sur les textes qu'elle ressent. Elle s'accroche aux phrases et veut se les approprier. Elle est fascinée par l'action des mots, du geste,

du mouvement, de la voix, du souffle, du silence, du…du *je
ne sais quoi* de magique dans une lecture francophone.

Un jour, à l'heure de la dictée, elle a mémorisé le texte de *la
Lectrice* pendant que je le dictais. À la fin de la dictée,
lorsque j'ai demandé les copies, elle m'a dit qu'elle l'avait
dans sa tête. N'y croyant pas je lui ai donné l'ordre de la
réciter à l'instant même et elle a commencé, sans la moindre
hésitation, du premier mot au dernier tout en liant le mot au
geste et la parole à l'action.

La récitation de la lectrice par Futu

Dictée : La lectrice

« On la prendrait pour une sourde-muette et aveugle. Ses mains ouvrent les pages du livre. Ses yeux pétillent devant les mots qu'elle murmure. Son cœur bat et s'illumine aux paroles qu'ils forment et son âme s'initie à la méditation que ces paroles lui procurent : tout cela dans une attitude émouvante. Son souffle est le son du frottement de sa paume sur la page ouverte. Ses doigts font claquer le bout des pages qu'elle écorche en les faisant passer l'une après l'autre après un silence absorbant. Tout son être reflète ce qu'elle lit : la paix de son âme et le repos de son corps ; l'immobilité et la tendresse de son regard.

L'innocence et la pureté de son front, illuminé par la tiède voix d'une lecture silencieuse, font valoir une beauté qu'elle tient d'une main divine. Un mot la fait tressaillir et sourire. Elle ferme le livre. Son index partage le livre en deux pour ne pas perdre la page en cours. Le mot lui apporte une pensée : celle-ci s'ouvre à une conversation intérieure. Un tête-à-tête avec l'autre. Elle écoute. L'autre parle. Les deux actions se font dans le silence. Le silence du « parle, je t'écoute » et du « écoute, je te parle » et cela se passe comme au commencement, dans le néant, où tout se passe et pourtant rien ne se voit ; où tout se dit et rien ne se fait ; juste entre le temps de lire un mot et de chercher à le comprendre... l'instant où le mot sursaute et murmure :

« Hé, arrête-toi un peu là, ne m'ignore pas, tu entends, et surtout, ne fais pas comme si tu m'avais compris, je n'aime pas cet air du *Monsieur connaît tout*, cette fausse allure de *Madame sait tout*, regarde-moi et dis-moi ce que je veux dire, qu'est-ce que tu comprends en me lisant ? Qu'est-ce que je représente pour toi et pour l'humanité ? Que ressens-tu ? Ne me balaie pas comme ça d'un clin d'œil, j'ai des sentiments, des émotions, j'existe moi, ne me coupe pas, ne me rends pas

286

inapte et ne forme pas un monde analphabète avec des mots-robots, des mots qui n'existent que dans ta tête, écris-moi normalement et lis-moi en entier, honnêtement je vis, ne me chasse pas comme une mouche, suis-je aussi répugnant que ça, alors regarde-moi bien dans les yeux, de quoi suis-je fait ? Quel air ai-je ? Tu as lu *la beauté de l'humanité se regarde dans les yeux innocents de l'enfant*, que veut dire beauté de l'humanité ? Qu'entends-tu par les yeux innocents de l'enfant ? Qu'est-ce qui donne à l'humanité sa beauté, et à l'enfance son innocence ? Je t'ai entendu murmurer *paix, amour*, qu'est-ce que ces mots signifient pour toi. Qu'est-ce que les mots « *paix, amour* » que je suis, représentent pour toi. Même si je ne suis pas aussi long que « anticonstitutionnellement » ou « antifrancophonîquement », je remplis plus de pages que tous les mots réunis ; je suis toute une constitution et toute une francophonie, je suis dans la bouche de tous : des religieux et des politiques ; je suis dans les cœurs de tous les peuples.

Ne vois-tu pas ma grandeur
Elle s'étend jusqu'aux confins de la terre
Ne mesures-tu pas ma profondeur
Elle s'enfonce jusqu'au fin fond des mers

Chaque mot que tu viens de lire est l'espoir d'un meilleur lendemain. Alors dorénavant, quand tu feras la connaissance d'un mot inconnu : petit, grand, court, long, gros grand gras, regarde-le droit dans les yeux, note toutes les lettres qui le constituent, et comprend bien ce qu'il te dit ; cela t'évitera le danger de l'ignorance. »
Müan mâ M'kayi

– Félicitations Futu, dis-je, belle lecture, bonne mémorisation, bonne récitation. Tu as même retenu le nom de l'auteur. Bravo !
Elle sourit.

La maison de la francophonie

Les voisins, les voisines, les copains, les copines viennent de baptiser notre maison. On l'appelle « la maison des personnes qui parlent français ou encore, la maison de la francophonie. » Le voisinage la pointe du doigt. Les bambins demandent en langue vili :

– Kuni wa kukwende ?
– Où vas-tu ?
– Djé wa kuende ku nzo yi bane be tuba tchimputu benà ?
– Tu vas à la maison des enfants qui parlent français, là ?

Et quand ils viennent même pour acheter du manioc, de l'arachide ou du maïs que ma mère étale dans la rue, N'bongu, notre septième, ne le leur vend jamais tant qu'ils n'ont pas formulé leur demande en français. Parfois, c'est ma sœur Futu, notre troisième, qui vient en aide à ses pauvres enfants. Quoi qu'il en soit, le visa d'entrée, je veux dire le droit de franchir la porte de notre concession est la langue française, seule condition pour faire partie de notre club. Dès cet instant, nous sommes un club qui impose le français à tous, sans exception.

Je force aussi le club à mémoriser les poèmes de Hugo, de Rimbaud, de Baudelaire, de Senghor, de Césaire, de U'tam'si, qu'ils rendent à haute et intelligible voix pour améliorer leur prononciation.

Pour leur diction, je leur fais répéter des phrases du genre :

Vieux Victor veuillez vite venir voir votre vigoureux voleur voulant voler votre vieille vache vivante valant votre valeur.

Je commence par leur donner le goût des mots en leur faisant des lectures interminables. Ils s'habituent à la

288

sonorité, à la musicalité, au silence et aux pauses. Ils voyagent et font la connaissance du monde et de son peuple qu'ils découvrent par la lecture et qu'ils apprécient grâce à la langue de Racine. Cheffu Bembele arrête de rêver dans son sommeil. Il commence à rêver dans ses différentes lectures :

– Lire, dit-il un jour, c'est amener les mots à la vie et ces mots, quand ils respirent, font renaître la nature et toute la création.

Je leur demande d'inventer des histoires, de les écrire et de me les lire, le soir, lorsque nous nous retrouvons tous, au club familial, à l'heure de la lecture. Ces soirs-là, nos parents sont aussi là. Ils écoutent, ils participent. Nous rions beaucoup. Nous avons tous le sens de l'humour. Personne d'autre n'a le droit de venir s'asseoir dans notre cercle. Il faut être bien initié en français sinon on ne se plaît pas en notre compagnie. Cheffu Bembele adore ces moments-là, surtout quand il a bien fait son devoir et qu'il est satisfait de son *solitaire chez autrui* dans lequel il est le « je » de son rêve et de son texte ; c'est avec grand enthousiasme qu'il nous le lit :

Le solitaire chez autrui

Écrit et lu par cheffu Bembele, notre sixième

« Solitaire est son nom.
Que vient-il faire chez autrui ?
Que vient-il faire dans la rue des malheureux ?
Nostalgie d'enfance peut-être !
Je marche toujours par ici, jamais je ne l'ai vu rôder dans ses alentours.
Que diable vient-il faire par ici ?
Chez nos misérables
C'est un quartier pauvre ici. Rarement il ne s'élève une fumée. Une fumée est le signe d'une nourriture qui se prépare dans la cour en plein air avec un feu de bois. La fumée monte et nourrit tous les enfants des rues. C'est comme un conte qu'on partage à tous et c'est ça la francophonie africaine. Elle est basée sur le partage :

– As-tu un grain de sel à me donner, j'ai oublié d'en acheter. – Vas me prendre du sel chez ta Maman d'à côté – la Maman d'à côté n'est autre que la voisine du coin, qu'on n'appelle pas par voisine car voisine n'est pas un mot francophone du viliphone. La voisine et le voisin sont considérés comme une tante, un oncle auxquels on attribue aussi l'appellation de Maman et Papa suivi de leurs prénoms : mâ Vicky, pour la voisine, et tâ Jean Bernard pour le voisin. Quand ces derniers sont plus jeunes que vos parents, comme d'autres voisins de l'autre côté, qui sont eux les amis de nos parents, ils sont considérés comme nos aînés, alors on les appelle l'un et l'autre : ya Germain, ya Marie-Jeanne qui veulent dire : frère aîné Germain, sœur aînée Marie-Jeanne –

Ce n'est pas tous les jours qu'on entend une marmite au feu qui bout *teuf teuf*. Ce qu'on y entend souvent ce sont : les pleurs d'un enfant vilifrancophone qui veut être soulevé par sa Maman et qui chantonne « *Maman tu t'es soulevééé* » en la suivant à petits pas partout où elle va ; le gémissement d'un chien causé par le coup de pied de son maître qui veut l'éloigner de sa nourriture en lui criant : « *Va là-bas, sale chien* » ; la plainte d'une chatte qu'un méchant homme vient de projeter par surprise vers une mare d'eau laissée par la pluie mais qui l'évite grâce à sa souplesse et à son talent de bonne acrobate.

Sauvée de justesse, elle miaule, moqueuse et francophonique « *miaaaaaouh !* »

Mais revenons à notre solitaire chez autrui

Que vient-il donc faire chez autrui ?
En tout cas je veux bien savoir ce qu'il vient faire chez autrui
Crois-moi, je me demande bien ce qu'il vient faire chez autrui
Ça ne te dirait pas toi
De savoir ce qu il vient faire
Chez autrui
Par ici
Dans cette rue si sale
Si misérable
Si malheureuse
Boueuse
Et à cette heure-ci
Où les ménagères sans faire attention jettent des arêtes et des têtes de poissons pourris
Aux passants
Qui poussent
Un iiiiiiiiiiiiii !
Voyelle de dégoût, et qu'elles ignorent.

Bien au contraire elles repartent dans leurs concessions en balançant innocemment leurs hanches de gauche à droite comme pour dire :

« *Iiiiiiiiiih quoi, iiiiiih toi-même, on n'a pas de poubelles ici, on va faire comment ? Faut aller dire ton iiiiiiiiih à Monsieur le maire de l'arrondissement, lui il va à Paris tous les jours, est-ce qu'il voit que là-bas on jette les ordures dans la rue ?* »

Ignorons le maire, le passant, et nos ménagères
Revenons à notre solitaire avant qu'il ne s'éloigne
Que diable vient-il faire là… chez autrui alors…dans cette rue, où une jeune fille taquine, attire l'attention du jeune garçon qui s'entraîne tranquillement à devenir footballeur professionnel et détenteur du ballon d'or africain ?
Car il y a toujours un petit footballeur dans chaque rue sale et boueuse de Pointe-Noire qui s'entraîne comme Pelé : pieds nus et ballon en papier ; et qui rêve d'aller au pays de Thierry Henry poursuivre sa carrière afin d'être appelé à son tour : *professionnel.*
Le futur professionnel du ballon rond ignore la jeune adolescente et s'intéresse au solitaire.

Que vient-il faire chez autrui ? se demande-t-il lui aussi.
Le jeune joueur me regarde et me fait un clin d'œil. Il me passe la balle. Chaque fois que je me promène par ici, il tire sa balle vers moi, une façon à lui de m'inviter au jeu et nous nous occupons pendant une trentaine de minutes. Je lui renvoie la balle, il l'envoie au solitaire qui s'approche de nous.
Mon Dieu, je le reconnais !
Le solitaire me donne la balle que je passe au jeune footballeur. Il l'arrête et s'adresse au solitaire en le tutoyant :
– Toi, viens me ravir la balle.
Le solitaire s'approche de lui ; le jeune footballeur plane à droite, dribble à gauche et me fait une très belle lancée. Le

solitaire, essoufflé, s'avance vers moi, je fais rentrer la balle entre ses deux jambes, il s'affale à même le sol, je renvoie la balle à notre futur professionnel qui s'éclate de rire. Il danse à la manière de Roger Mila et nous nous joignons à lui. Puis, le petit se présente à lui en lui tendant la main :

– Je m'appelle Marie Joseph. Je veux devenir professionnel.

– Et moi, Buendi Koku, secrétaire général de la francophonie, je veux être président de la république. Tu m'as appris une leçon et c'est ce que je vais faire. Je vais dribbler à gauche, je vais dribbler à droite pendant sept ans et je vais passer la balle à quelqu'un d'autre. C'est ça la démocratie.

Puis, les deux se tournent vers moi et à tour de rôle me tendent leurs mains en se présentant :

– Marie Joseph
– Buendi Koku

Je leur tends la main à mon tour en disant

– Je m'appelle Cheffu Bembele, le sixième

Nous nous serrons les mains en nous échangeant de larges sourires et nous nous séparons. Le footballeur pousse le portail d'un enclos et disparaît derrière une clôture en contreplaqué. On l'entend dire à sa grand-mère :

« Mémé Tété, j'ai faim »

Et Mémé Tété répond :

Sukule lu longue ka cha hulia
Réjouis-toi bien, oui, tu vas manger

C'est ta balle que tu mangeras aujourd'hui
Je t'ai demandé de laver les assiettes
Tu as refusé
Je t'ai envoyé chercher l'eau au puits

Tu t'es sauvé
Tu as passé tout ton temps dans la rue
À jouer au football avec des inconnus
Tu arrives quand tout est fait
Pour me dire :
Mémé, j'ai faim
Sukule lu longue
Ka cha hu lia
Lave ton assiette
Tu vas bien manger
Et crois-moi : c'est ta balle que tu mangeras ce soir

– Je suis désolé, Mémé, tu sais, je m'entraîne à devenir footballeur, tu sais, afin de jouer en France, tu sais, dans l'équipe nationale, tu sais Mémé, pour faire partie des Bleus, tu sais, il faut maîtriser le ballon rond et la langue française, Mémé tu sais, je parle déjà correctement français alors tu sais, je n'aurai aucun problème avec le ballon rond, Mémé, tu sais, regarde !

– Quitte-là, quitte-là, et arrête de me demander à chaque mot si je sais, je ne sais rien, dit Mémé Tété

– Voyons Mémé, je sais que tu ne sais rien, mais t'en fais pas, tu sais, je vais t'apprendre, allez, viens me ravir la balle si tu peux. Et si tu réussis, je laverai les assiettes et j'irai puiser de l'eau pendant tous mes trois mois de vacances chez toi ici.

Mémé Tété se fait prendre au jeu, essaie de ravir la balle à son petit-fils, celui-ci fait lever la balle au-dessus de la tête de sa grand mère qui pivote sur elle-même à la recherche de celle-ci ; Marie Joseph fait rebondir la balle sur sa tête à lui, sur sa poitrine, ensuite sur son genou, puis sur son pied, la fait passer entre les jambes de sa Mémé qui, ne voulant pas se laisser avoir, écarte grand ses jambes pour attraper la balle avec ses mains, malheureusement elle glisse, tombe et la balle rebondit jusqu'à la marmite, rentre dans la marmite qui bout *teuf teuf*, ressort aussitôt, repoussée par le *teuf* chaud de la soupe chaude, revient vers Marie Joseph qui la renvoie en criant :

– Tir au buuuuut ! La balle qui a reçu un bon tir de son pied droit va droit sur le poteau, je veux dire droit sur la marmite en argile qui, elle, se cogne contre l'une des trois grosses pierres du foyer qui la soutient ; le pot au feu qui bout *teuf teuf* se fracasse en petits morceaux et étale honteusement son contenu à même le sol. La balle revient tout doucement vers Marie Joseph comme un chien trempé par la pluie. Marie Joseph pose victorieusement son pied dessus comme pour dominer le football et dit à sa Mémé :

– Tu vois, Mémé, je l'ai
Maintenant tu sais
Je maîtrise la balle ronde
Et la langue française
Je peux à présent être considéré comme un professionnel des bleus
Je suis prêt à faire lever les mains des spectateurs vers les cieux

Mémé Tété crie, affolée.

Marie Joseph rit aux éclats en tournant autour de sa grand-mère qui en bonne viliphone commence à jurer en langue vili pendant que son petit-fils s'éloigne de la cuisine et du stade de jeu avec un rire moqueur.

Le solitaire lui, continue son chemin en imitant le rire du footballeur.

Et moi, je me réveille en sursaut.

Vive le rêve africain !

Vive la démocratie africaine !

Vive la francophonie africaine !

Et vive la démocratie franco africaine

Reçois la balle

Passe la balle

Donne la passe

La vieillesse passe
La jeunesse reste
La vieillesse passera toujours
La jeunesse restera toujours
Elle est ce fleuve qui n'arrêtera jamais de couler
Qui ne brûlera jamais
Le français aussi
Le français est une langue démocratique
Maintenant je sais
Ce qu'il est venu faire chez autrui.
Toi aussi n'est-ce pas
Mais bien sûr que tu le sais
La vieillesse passe
La jeunesse reste
Le français aussi
Reçois la balle
Dribble à gauche
Dribble à droite
Passe la balle
Et ensemble
Marquons tous le même but
À la manière de Marie Joseph
Allons tous vers le même but
C'est le jeu de la démocratie
Sans violence
Francophonîquement »

La fontaine

Personne ne se suffisait à lui-même.
Il y avait au milieu de nous la fraternité
Et l'amitié
La fraternité quand nous parlions vili
L'amitié quand nous parlions français.
L'amitié était ce que nous avions de plus profond pour vivre
Nous étions liés
Attachés
Pas par intérêt ni par plaisir…
Mais par vertu.
Parler français était plus qu'une habitude.
C'était une coutume.
C'était tout naturel, nous vivions ensemble.
Égaux
Il n'y avait personne d'autre que nous-mêmes
Et notre français.
Il était notre fondation
L'action par excellence qui suscitait la passion du savoir
Et de l'éducation.
Il était le roc sur lequel nous avions bâti notre maison
Il était notre fontaine de sagesse
Nous avions nos auteurs. Pendant que ma mère, mes frères, mes sœurs, s'intéressaient à Hugo, Molière, Balzac et les autres, mon père s'accrocha aux fables de La Fontaine d'où il tira toute sa sagesse. Il ne nous conseilla jamais sans la présence du poète. Lorsque nous étions tous assis autour d'un silence qui devenait le maître des lieux, il le rompait en demandant qu'on lui lise une fable de Jean. Après lecture, il riait aux éclats pendant un moment et une fois calmé, il prenait la place du poète et nous expliquait le poème tout en nous prodiguant des conseils. Il adaptait les textes de la fontaine à sa réalité. Une de ces séances pouvait durer quatre à cinq heures de temps, surtout quand la fable concernait les enfants et l'avenir. *Le laboureur et ses enfants* était sa fable préférée. Il

l'utilisait beaucoup dans son cours que nous appelions l'heure du grand conseil ou encore l'heure du sage ou mieux encore, les minutes de sagesse. Nous le connaissions tous par cœur et chacun de nous disait un passage :

Travaillez prenez de la peine :
C'est le fond qui manque le moins.

Il arrêtait, il commentait, conseillait tout en s'attardant sur les moindres détails, citait quelques exemples de la vie courante puis concluait après chaque commentaire. Il devenait le riche laboureur.

Un riche laboureur, sentant sa mort prochaine,
Fit venir ses enfants, leur parla sans témoins.
Gardez-vous, leur dit-il, de vendre l'héritage
*   Que nous ont laissé nos parents.*
*   Un trésor est caché dedans.*
Je ne sais pas l'endroit ; mais un peu de courage
Vous le fera trouver, vous en viendrez à bout.
Remuez votre champ dès qu'on aura fait l'août.
Creusez, fouillez, bêchez ; ne laissez nulle place
*   Où la main ne passe et repasse.*
Le père mort, les fils vous retournent le champ
Deçà, delà, partout ; si bien qu'au bout de l'an
*   Il en rapporta davantage.*
D'argent, point de caché. Mais le père fut sage
*   De leur montrer avant sa mort*
*   Que le travail est un trésor.*

À la fin il disait :
Quand je m'en irai moi aussi, vous ferez bon usage de ce que je vous lèguerai. J'espère que vous respecteriez le conseil du laboureur à ses enfants. J'espère surtout que cette flamme de la langue française scintillera toujours dans vos

yeux. Vous m'avez appris la langue française. Je vous laisserai la langue française.

Mamalie, à son tour, comme héritage, nous légua *la légende de la langue française en Afrique* que je traduisis en ces termes :

Histoire de la langue française en Afrique telle que racontée par les Makossouais du village Makosso

L'Afrique est un grand continent. On l'appelle à tord ou à raison « Berceau de l'Humanité »

30 millions de km², avec une population de 1.138.229.000 habitants jusqu'au moment où tu as ouvert ce livre. L'Afrique parle 27 langues officielles et 1800 dialectes. L'Afrique compte 54 pays parmi lesquels 13 ont pour langue officielle : le français.

Ce sont :

Le Congo Brazzaville, la RDC, la Centre Afrique, le Gabon, le Sénégal, la Guinée, la Côte d'Ivoire, le Mali, le Burkina Faso, le Togo, le Bénin, le Niger, l'île de la Réunion.

Plusieurs autres pays d'Afrique ont deux ou trois langues officielles. Ils ont donc pour langue co-officielle le français.
C'est le cas du :
Cameroun (anglais-français)
De la Tunisie, de l'Algérie, du Maroc, du Tchad, du Djibouti, de la Mauritanie et des Comores (arabe-français)
De la Guinée équatoriale (espagnol-français)
De Madagascar (malgache-français)
Du Burundi (kirundi, français)
Du Rwanda (kinyarwanda, anglais-français)
De Seychelles (créole, anglais, français)
De l'île Maurice (créole, anglais, français)
De l'île de Mayotte, maintenant département français (arabe, français)

Au départ, tous ces pays ont leurs propres langues, leurs propres dialectes. Mais tous les originaires de ces pays ne se comprennent pas les uns les autres dans leurs langues ou dialectes respectifs. C'est pourquoi ils ont choisi une ou deux langues étrangères comme langues communes pour pouvoir se communiquer entre eux.

Et comment sont-ils arrivés à choisir la langue anglaise ou allemande, arabe ou chinoise, espagnole ou française, italienne, portugaise ou russe, au lieu de leurs propres dialectes ?

Voilà ! Je vais te le dire.

Les historiens ou les politiciens te diront que ce sont des langues coloniales, et que ces pays d'Afrique ont été influencés par les Anglais, les Allemands, les Arabes, les Chinois, les Espagnols, les Français, les Italiens, les Portugais, les Russes, et que ces langues étrangères leur ont été imposées.

Eh oui c'est un peu vrai ! Mais la conteuse Mâ M'kayi a une histoire différente de celle des historiens et des politiciens. C'est l'histoire du peuple Makossouais du village Makosso.

Eh bien voici donc notre histoire telle qu'elle nous a été racontée par la plus grande conteuse traditionnelle que l'Afrique n'ait jamais connue :

Au cœur de l'Afrique, il y avait un grand baobab. Ça s'appelait : L'Arbre à palabres.

L'arbre à palabres était aussi l'arbre à musique. Oui, le baobab connaissait toutes sortes de musiques :

La musique de l'eau qui bourdonne, du fleuve qui murmure, d'une chute d'eau qui se fracasse sur les gros cailloux et celle des gros cailloux qui se cognent entre eux, du tonnerre ou du lion qui grondent, du vent qui souffle ou

300

du serpent qui siffle, de la pluie ou de la nuit qui tombent, de l'oiseau qui chante, de l'éclair qui jaillit ou même de l'arc-en-ciel qui scintille, de la lune qui éclaire ou du soleil qui réchauffe, de la mer qui mugit ou de la vague qui glisse sur le sable fin, blanc et chaud de la plage.

Tous les génies des 54 pays d'Afrique se retrouvaient donc sous le grand baobab, au clair de lune pour écouter sa musique.

Ah la musique du grand baobab, qu'est-ce qu'elle était belle, douce, somptueuse, spirituelle…et magique, cette musique du grand baobab, pleine de sagesse, une vraie médecine !

Chaque année, il y avait un grand festival au centre même de l'Afrique où toutes les populations africaines étaient rassemblées.
Festival de :
Théâtre
Musique
Contes
Danse
Poésie.

Les génies présentaient à tour de rôle devant les hommes les femmes et les enfants leurs dernières créations artistiques et littéraires dans leurs propres dialectes. Malheureusement, comme tu le sais déjà, les Africains ne parlant pas la même langue, ils avaient du mal à se comprendre. Il leur fallait une langue commune pour communiquer ensemble : une langue culturelle et artistique.
Alors tous les génies se regroupèrent autour d'un grand feu et l'un des génies eut une idée brillante. Il dit :

– Allons partout dans le monde étudier les langues des autres. Dans un an, nous nous retrouverons ici et chaque pays nous présentera un poème d'une langue étrangère que son génie dira devant l'audience et cette dernière votera pour le meilleur poème. La langue du poème gagnant deviendra notre langue officielle.

Aussitôt dit, aussitôt fait.

Tous les génies quittèrent le baobab et s'en allèrent explorer le monde pour y apprendre des langues étrangères.
Ils allèrent :
En Angleterre, en Allemagne, en Arabie, en Chine, en Espagne, en France, en Italie, au Portugal, en Russie et découvrirent les langues de :
Shakespeare, Goethe, Ismaël, Confucius, Cervantès, Molière, Dante, Camoës, Tolstoï
Qui sont :
L'anglais, l'allemand, le chinois, l'espagnol, le français, l'italien, le portugais, le russe.

Chaque génie de chaque pays africain apprit un ou deux poèmes de ces écrivains et poètes étrangers. Quand ils revinrent de leur voyage, il y eut de grandes réjouissances où l'on invita la meilleure danseuse et les meilleurs musiciens du continent pour leur souhaiter la bienvenue.

Enfin le jour « J », l'heure « H », la minute « M » et la seconde « S » arrivèrent. Les génies se retrouvèrent pour le grand festival international poétique des langues étrangères. Et comme à chaque festival, l'audience constituée d'hommes, de femmes, d'enfants et même d'animaux était à la fête.
Une voix féminine et envoûtante, qu'on croirait sortir du grand baobab, voix des mânes, des ancêtres, des dieux et des déesses : un *a capella* de sagesse, accompagna sur scène les génies porteurs d'une culture nouvelle qui nous revenait de

302

ces horizons lointains là bas, cachés derrière les mers et les
montagnes, et qu'on n'apercevait même pas

Et une musique suivit :
Très fine d'abord, langoureuse ensuite, puis mélancolique,
voire nostalgique. On entendit le frôlement de l'air dans le
ciel bleu, le chuchotement du brouillard dans les nuages
blancs, le frémissement des feuilles vertes dans les arbres
gris, le clapotement d'un ruisseau sur l'argile rouillé, la
respiration haletante de l'écume de la mer, le balbutiement
des ailes d'un papillon, la marche lente de l'escargot sur le
sol mouillé, la plainte d'un crapaud, le crépitement d'un feu
de brousse, le claquement des étincelles, le bruissement de
l'herbe sèche, et même le silence lointain d'une nuit noire
après le dernier croassement d'un corbeau

Après cet air de nostalgie et de mélancolie, cet air fin et
langoureux, chaque génie passa devant l'illustre assemblée
qui manifesta son enthousiasme en applaudissant tout en
approuvant tantôt avec des cris de joie, tantôt avec des rires
répétés et continus ou encore avec des silences froids et des
murmures indifférents.
Chaque génie-poète fut apprécié à sa juste valeur.

Il y eut Cervantès qui en espagnol nous parla longuement
de la qualité et de l'art de vivre du célèbre Don Quichotte,
suivi de Tolstoï qui dans la langue russe s'attarda sur la
guerre et la paix. Le Chinois Confucius dans ses entretiens
nous séduisit par sa bonne humeur, sa générosité, sa
bonhomie et sa sagesse qui nous proposait un art de vivre
pour le monde moderne. Goethe, dans sa langue allemande
nous entraîna dans un de ses plus authentiques chefs
d'œuvre : Hermann et Dorothée, qui a pour arrière-plan
historique la toute récente Révolution française. Dante père
de la langue italienne nous enfonça dans sa divine comédie
qui nous traçait son voyage en enfer, au purgatoire et enfin

au paradis. Camoës lui, chanta la gloire des portugais dans ses *Lusiades*. Après Ismaël qui nous emporta dans les contes, légendes, mythes magiques et fantastiques du monde arabe, Shakespeare nous envoûta, nous enivra, nous ensorcela avec ses plus beaux vers et ses grandes lignes sur la beauté et sur l'amour :

Why is my verse so barren of new pride,
So far from variation or quick change ?
Why with the time do I not glance aside
To new-found methods, and to compounds strange ?
Why write I still all one, ever the same,
And keep invention in a noted weed,
That every word doth almost tell my name,
Showing their birth, and where they did proceed ?
O know, sweet love, I always write of you,
And you and love are still my argument
So all my best is dressing old words new,
Spending again what is already spent :
For as the sun is daily new and old,
So is my love still telling what is told.
If I could write the beauty of your eyes
And in fresh numbers number all your graces,
The age to come would say: «this poet lies !
Such heavenly touches ne'er touched earthy faces !»

Nombreux applaudirent. À en croire que l'anglais allait l'emporter et prendre toute l'Afrique de l'est à l'ouest, du nord au sud. Un seul murmure s'éleva dans l'assistance : Shakespeare, Shakespeare, Shakespeare !

Une femme se leva en poussant des holulu de bonheur tout en dansant à perdre haleine pendant que la foule continuait à scander le nom de Shakespeare. La musique monta, la danseuse doubla d'énergie, puis tout à coup, soudain, brusquement, subitement... là... la danse et la musique s'arrêtèrent... souffle, souffle, souffle... pour reprendre tout de suite après...très lentement et au ralenti. Les vers du poète furent repris en écho et trouvèrent leur place au milieu de cette euphorie.

If I could write the beauty of your eyes
...write the beauty of your eyes
And in fresh numbers number all your graces
...number all your graces
The age to come would say : « this poet lies !
... this poet lies !
Such heavenly touches ne'er touched earthy faces ! »
... earthy faces ! »

Cela dura une dizaine de minutes puis le calme revint. Il s'y installa alors un silence absolu. Près de la moitié de la foule à cet instant-là choisit la langue anglaise. Quelques pays se partagèrent les autres langues notamment : l'espagnol, l'arabe, le portugais, l'allemand. La Chine à cette époque n'avait encore rien à offrir. Treize pays hésitèrent encore. Ces derniers avaient leurs yeux fixés sur le génie qui avait été envoyé en France : Le génie Muana Tossu Vuna bayonne.

Celui-ci n'avait encore rien dit. Il se leva donc tranquillement et, sans grande précipitation, s'avança royalement vers la scène. Son grand costume bleu blanc rouge couleurs de France, son chapeau sur la tête, son écharpe autour du cou aux couleurs du Congo vert jaune rouge, son large sourire d'Afrique qui fit découvrir ses dents d'ivoire derrière ses lèvres épaisses et bien charnues, suscitèrent l'envie de l'audience qui poussa un cri d'admiration. Sans se faire prier, il commença en toussant, en se raclant la gorge, content et sûr de lui, comme si le coq sportif, symbole de la France qui était en lui, avait déjà les spectateurs sous les ailes.

Il gloussa ; il chanta : cocoricooooo ! Cela fit rire le public du grand baobab qui apprécia son bel humour et sa bonne humeur.

Il gesticulait, il mimait, il singeait le vrai Français blanc. Fallait le voir et l'entendre !

Quelle élégance ! Quelle éloquence !

L'élégance du mouvement et du geste se mariait merveilleusement bien avec l'éloquence de la voix et des mots

Les Africains étaient tout yeux tout oreilles. Quelle belle langue que la langue française !

Lorsque sa bouche et sa gorge s'ouvrirent et que la voix de son cœur prononça les cinq premiers mots qui n'étaient autres que le titre du poème : *le Corbeau et le Renard*, l'audience eut le souffle coupé et resta figée sur ses lèvres.

Maître corbeau, sur un arbre perché,
Tenait en son bec un fromage.
Maître renard par l'odeur alléché,
Lui tint à peu près ce langage :
Eh bonjour Monsieur du Corbeau.
Que vous êtes joli ! Que vous me semblez beau !
Sans mentir si votre ramage,
Se rapporte à votre plumage,
Vous êtes le phénix des hôtes de ces bois.
À ces mots, le corbeau ne se sent pas de joie :
Et pour montrer sa belle voix,
Il ouvre un large bec, laisse tomber sa proie.
Le renard s'en saisit, et dit : mon bon Monsieur,
Apprenez que tout flatteur
Vit aux dépens de celui qui l'écoute.
Cette leçon vaut bien un fromage, sans doute.
Le corbeau honteux et confus
Jura, mais un peu tard, qu'on ne l'y prendrait plus.

À la fin de ce poème, tout le monde se leva, cria, siffla, chahuta, applaudit et commenta :

– Le renard
– Grâce à sa belle langue
– Le français
– Vient de gagner le fromage.

Plusieurs Africains pensèrent que s'ils apprenaient cette belle langue du comédien Coluche, ils gagneraient beaucoup de choses. Tous les pays qui avaient eu leurs yeux figés sur les lèvres du génie français acceptèrent la langue française. Les pays qui avaient déjà choisi les langues précédentes demandèrent s'ils pouvaient prendre une deuxième langue. On le leur accorda et ils supplièrent le génie-poète français de leur dire un deuxième poème afin qu'ils se décident. Le génie leur dit :

– Je ne le ferai pas gratuit.

Tous les habitants lui apportèrent des cadeaux : l'or, le diamant, de beaux pagnes en raphia et beaucoup d'autres belles choses car l'Afrique est un continent très riche. La plus belle musique lui fut jouée par les plus bons musiciens que l'Afrique n'est jamais connue et la plus belle fille du continent dansa devant lui.

Enfin satisfait notre conteur devenu poète grâce aux Fables de La Fontaine se leva. Il marcha majestueusement comme un corbeau vers la scène et, avec un large sourire et de grands gestes il commença par une chanson puis récita :

La Cigale et la Fourmi

La Cigale, ayant chanté
Tout l'été,

Se trouva fort dépourvue
Quand la bise fut venue.
Pas un seul petit morceau
De mouche ou de vermisseau.
Elle alla crier famine
Chez la fourmi sa voisine,
La priant de lui prêter
Quelque grain pour subsister
Jusqu'à la saison nouvelle
Je vous paierai, lui dit-elle,
Avant l'août, foi d'animal,
Intérêt et principal ;
La fourmi n'est pas prêteuse ;
C'est là son moindre défaut.
« Que faisiez-vous au temps chaud ?
Dit-elle à cette emprunteuse.
– Nuit et jour à tout venant
Je chantais, ne vous déplaise.
– Vous chantiez ? J'en suis fort aise.
Eh bien ! dansez maintenant »

Et le génie de la francophonie se mit à danser comme une fourmi. Et la plus grande danseuse entra dans la cadence et dans la danse. Elle invita tout le monde à bouger et tous apprirent grâce à elle la danse joyeuse de la fourmi et commencèrent à gesticuler comme des fourmis heureuses.

Ce fut une grande fête et plusieurs autres pays avouèrent :

– Voilà une très bonne langue.
Si nous pouvons la parler…
Nous aurons du fromage à tout moment…
Nous danserons chaque instant
Et nous serons joyeux et heureux tout le temps.
Quelle belle vie que la vie francophone !

Alors ils choisirent eux aussi à leur tour la langue française et ils en firent leur deuxième langue officielle. Et depuis ce jour-là une moitié de l'Afrique accepta la langue de Marie de France, de Madame de La Fayette et de Maryse Condé ; elle est considérée là-bas chez les peuples Tchimpodji et Tchimpoko du Congo comme étant la langue du génie francophone Muana Tossu Vuna Bayonne. C'est pourquoi vous voyez que là-bas, des deux côtés du fleuve kouilou, même quand les gens n'ont pas le fromage, même quand ils ont faim...

Ils chantent
Ils dansent
Ils rient
Comme la vache qui rit.

Cela a toujours été ainsi depuis que le génie vili de la francophonie a remporté le premier prix du meilleur poème de langue étrangère grâce aux fables de l'académicien Jean de La Fontaine. Là-bas, les peuples préservent la langue française et, contrairement aux dialectes africains qui disparaissent chaque année, la langue française, elle, n'est pas en voix de disparition dans ce petit coin d'Afrique : le Congo-Brazzaville.
Elle est vivante.

C'est une eau vive
Qui coule comme un ruisseau
Et que les enfants poursuivent

C'est une grande œuvre d'art qui est bien conservée dans nos musées, dans nos villages, dans notre communauté et spécialement chez nos ancêtres : descendants des peuples *Tchimpodji et Tchimpoko, ces Makossouais du village Makosso* de Yanga et de Madingo kayes.

Hommages à ceux qui sont partis en beauté
Et qui soufflent encore dans nos cœurs éclairés

En l'an deux mille onze, un premier novembre, Mamalie nous quitta à l'âge de 75 ans

Et Zezeffu trois ans plus tard à l'age de 94 ans, après un voyage en France (décembre 2007 – avril 2008) que leur offrit leur cinquième fils Ngome pour les cinquante ans de leur mariage ; voyage qu'ils effectuèrent en amoureux pour vivre l'hiver francophone. Malheureusement, ils ne purent rencontrer Johnny Halliday et Sylvie Vartan. Ces derniers étaient en tournée. Zezeffu connut enfin la France de son patron et Mamalie vit plusieurs femmes qui parlaient comme celle qui acheta *libole liandji li buku*…pardon, je veux dire sa cuvette de champignons. Elle regretta cette fois-ci de ne pas avoir sa cuvette de champignons sur la tête. Elle aurait tout vendu sans l'aide de personne au pied de la tour Eiffel où elle s'émerveilla.

Hommages à mon frère Muvungu, à mes deux sœurs Futu et Nbongu qui séjournent eux aussi de l'autre côté.

Les cinq frères restants que nous sommes formons une main :
Ma main
Voici ma main
Elle a cinq doigts
En voici deux
En voici trois
Celui-ci le petit bonhomme
C'est le gros pouce qu'il se nomme
Regardez les doigts travailler
Chacun fait son petit métier.

La main forme le gros poing qui, entouré de nos dizaines d'enfants et petits enfants ayant tous hérité la langue française, font de notre famille, vilifrancophone, francoviliphone à vie et…

310

Francophonîquement vôtre !

Je suis l'annulaire
L'alliance
De ce qui est et de ce qui n'est plus, je vois
Le pont du majeur
Et la voie
Tracée par le conteur
J'écoute sa voix
Et je respecte sa loi

Qui est le pouce ?
L'index ?
Le majeur ?
L'auriculaire ?
Qui …
Toi ?

Le temps passe
Sur le fleuve qui coule
Ceux qui restent, restent
Et ceux qui partent, partent
Le fleuve honore ceux qui partent
Et élève ceux qui restent
La vieillesse se retire humblement
La jeunesse continue honnêtement
Dans l'harmonie, dans la paix et dans l'amour
Ainsi une génération remplacera une autre
Et une autre remplacera une autre
Et une autre, une autre
Et une autre
Et une autre
Ainsi nous vivrons tous chaque jour
Et pour toujours

Le poète et le conteur

Ceux qui vivent, ce sont ceux qui luttent ; ce sont
Ceux dont un dessein ferme emplit l'âme et le front,
Ceux qui d'un haut destin gravissent l'âpre cime,
Ceux qui marchent pensifs, épris d'un but sublime,
Ayant devant les yeux sans cesse, nuit et jour,
Ou quelque saint labeur ou quelque grand amour.

VICTOR HUGO

Ceux qui vivent ce sont ceux qui voient ceux
qui tuent leur propre peuple et détruisent leur
patrimoine ; ce sont ceux qui voient la
dictature étouffer leurs rêves et leur passion ;
ce sont ceux qui n'en peuvent plus et lèvent
haut leurs cinq doigts, je veux dire leur main
droite pour dire à l'injustice : ça suffit !

Muän mâ M'kayi,
Francophonîquement vôtre !

Table de la prose poétique

I

Français
Langue de l'Âme
...de l'Amour
Et...

II

Magnifique...
Merveilleuse langue d...

316